国家社会科学基金一般项目

农民合作社主导的农产品供应链系统构建与利益协调研究

王佳丽 著

中国商业出版社

图书在版编目（CIP）数据

农民合作社主导的农产品供应链系统构建与利益协调研究 / 王佳丽著. -- 北京：中国商业出版社，2025.4. -- ISBN 978-7-5208-3364-6

Ⅰ．F321.42；F724.72

中国国家版本馆CIP数据核字第2025J67C62号

责任编辑：滕　耘

中国商业出版社出版发行

（www.zgsycb.com　100053　北京广安门内报国寺1号）

总编室：010-63180647　编辑室：010-83118925

发行部：010-83120835/8286

新华书店经销

优彩嘉艺（北京）数字科技有限公司印刷

*

710毫米×1000毫米　16开　11.25印张　180千字

2025年4月第1版　2025年4月第1次印刷

定价：60.00元

****

（如有印装质量问题可更换）

前　言

2017年10月13日，国务院办公厅发布了《关于积极推进供应链创新与应用的指导意见》，将供应链创新与应用作为经济转型升级的重要抓手。2018年，商务部、工业和信息化部、生态环境部、农业农村部、中国人民银行、国家市场监督管理总局、中国银行保险监督管理委员会和中国物流与采购联合会发布了《商务部等8部门关于开展供应链创新与应用试点的通知》，并选择了供应链创新与应用的试点城市和试点企业，供应链管理的理念逐步转化成企业的竞争力。2021年，财政部、商务部发布了《关于进一步加强农产品供应链体系建设的通知》，旨在加快构建农产品现代流通体系，提高农产品流通效率，保障市场供应，助力乡村振兴，促进消费升级。2022年，财政部、商务部发布了《关于支持加快农产品供应链体系建设 进一步促进冷链物流发展的通知》，聚焦补齐冷链设施短板，提高冷链物流质量效率，建立健全畅通高效、贯通城乡、安全规范的农产品现代流通体系，支持内容涵盖增强农产品批发市场冷链流通能力、提高冷链物流重点干支线配送效率、完善农产品零售终端冷链环境、统筹支持农产品市场保供等方面。2023年的"中央一号文件"提出"发展现代设施农业""构建多元化食物供给体系""统筹做好粮食和重要农产品调控""做大做强农产品加工流通业"等内容都与农产品供应链产业息息相关。

2007年《中华人民共和国农民专业合作社法》施行之后，农民专业合作社步入快速发展轨道。截至2023年年底，全国登记在册的农民合作社数量为221.6万家，社员超过1亿人，农民合作社成员中的普通农户占比95.5%，农民合作社为成员提供年经营服务总值8773.5亿元。农民合作社业务范围涵盖粮棉油、肉蛋奶、果蔬茶等主要产品生产以及农机、植保、水利、资金、信息、旅游休闲农业等多个领域,并展现出股份合作、资金互助合作、农民用水合作、合作社再联合等多种组织形式。在农产品供应链中一度忽略了核心竞争力不断增强的农民合作社,随着农业供给侧结构性改革的逐步加深、新型农业经营主体培育工程的不断实施,更多的农民合作社形成了自己的核心竞争力并不断增强,在农业供应链中的地位提升,少量大型的、管理先进的、产品供不应求的农民合作社为获得供应链的更多主导权,开始占据农产品供应链的核心位置。在供应链中占据主导地位的农民合作社越来越多,具有一定的代表性,是农民合作社的发展方向。

  本书旨在系统地探讨以农民合作社为核心组织的农产品供应链系统构建及其利益协调机制的理论与实践问题,以期为该领域的发展提供有益的参考和借鉴。全书共分为七章:第一章绪论,主要介绍了农产品供应链的相关概念界定、农产品供应链研究运用的理论与方法、农民合作社成为农产品供应链核心组织的特殊意义;第二章农民合作社主导的农产品供应链形成机理及结构分析,从系统论、委托—代理理论、竞合理论和农产品类型及加工方式对农产品供应链核心组织位置的影响四个方面分析农民合作社主导的农产品供应链形成机理,最后分析了以农民合作社为核心组织的农产品供应链结构模型;第三章农民合作社成为供应链核心组织的关键因素分析,分析了农民合作社成为供应链核心组织的关键因素和农民合作社成为供应链核心组织的关键因素识别;第四章以农民合作社为核心组织的供应链合作伙伴选择,将层次分析法、熵权法和TOPSIS法相结合对农民合作社主导的农产品供应链的合作伙伴进行选择;第五章以农民合作社为核心组织的农产品供应链构建博弈研究,通过对三方演化博弈模型的构建对农民合作社、加工企业和销售企业是否参与农产品供应链构建进行研究;第六章农民合作社主导农产品供应链的利益协调机制研究,主要介绍了利益协调影响因素分析、利益协调模型构建和利益协调实证分析;第七章推进新型农民合作社主导的农产品供应链发展的引导策略研究,从加强宏观政策支持和全面优化供应链管理结构两方面展开研究。

  本书是国家社会科学基金一般项目"农民合作社主导的农产品供应链的系统构建、利益协调与引导策略研究"(项目编号为19BJY169)的最终成果,还受到黑龙江省社会科学学术著作出版资助项目（项目编号为2024005-A）的重点资助。

2019年以来，本书的作者也即项目的主持人带领其团队展开对本书的研究和撰写工作，同时得到了东北农业大学乔金友教授、郝会成博士、史岩博士的大力支持。特此，向有关单位的领导、专家学者和工作人员表示由衷的感谢！本书还直接或间接引用、参考了其他学者的相关研究文献，在此对这些文献的作者表示诚挚的谢意！

农民合作社主导的农产品供应链研究是一项涉及范围广、内容复杂的系统工程，希望本书所作的研究能够对农民合作社主导的农产品供应链领域的发展起到积极的推动作用，并为相关领域的学者和实践者提供有益的参考与借鉴。受到知识和经验有限、数据资料不足等主客观因素的制约，本书有不妥之处在所难免，敬请各位读者赐教。

未来，愿与关注农产品供应链问题的国内外相关领域的科研机构和专家学者一道，继续深化农民合作社主导的农产品供应链的理论和方法的研究，共同为农产品供应链的发展提供可靠的方法和决策借鉴。

目 录

第一章 绪 论 ………………………………………………………………… 1
 第一节 农产品供应链的相关概念界定 ……………………………… 1
 第二节 农产品供应链研究运用的理论与方法 ……………………… 3
 第三节 农民合作社成为农产品供应链核心组织的特殊意义 ……… 15

第二章 农民合作社主导的农产品供应链形成机理及结构分析 ………… 19
 第一节 基于系统论以农民合作社为核心组织的农产品供应链形成机理
    分析 …………………………………………………………… 19
 第二节 基于委托—代理理论以农民合作社为核心组织的节点组织竞争
    关系分析 ……………………………………………………… 21
 第三节 基于竞合理论以农民合作社为核心组织的节点组织动态关系
    分析 …………………………………………………………… 23
 第四节 农产品类型及加工方式对农产品供应链核心组织位置的影响
    分析 …………………………………………………………… 26
 第五节 以农民合作社为核心组织的农产品供应链结构模型 ……… 28

第三章 农民合作社成为供应链核心组织的关键因素分析 ……………… 32
 第一节 农民合作社成为供应链核心组织的关键因素 ……………… 32
 第二节 农民合作社成为供应链核心组织的关键因素识别 ………… 37

第四章 以农民合作社为核心组织的供应链合作伙伴选择 ……………… 46
 第一节 供应链合作伙伴选择指标体系的构建原则 ………………… 46
 第二节 供应链加工企业合作伙伴选择指标体系构建 ……………… 47

第三节　供应链销售企业合作伙伴选择指标体系构建 ………… 54
第四节　农产品供应链构建实证研究 ……………………………… 59

第五章　以农民合作社为核心组织的农产品供应链构建博弈研究 ……… 68
第一节　模型构建及演化博弈分析 ………………………………… 68
第二节　仿真分析与系统优化 ……………………………………… 83

第六章　农民合作社主导农产品供应链的利益协调机制研究 ………… 98
第一节　利益协调影响因素分析 …………………………………… 98
第二节　利益协调模型构建 ………………………………………… 108
第三节　利益协调实证分析 ………………………………………… 124

第七章　推进农民合作社主导的农产品供应链发展的引导策略研究 …… 135
第一节　加强宏观政策支持，鼓励农民合作社主导的农产品供应链
　　　　形成 ……………………………………………………… 135
第二节　全面优化供应链管理结构，保障农民合作社主导的农产品
　　　　供应链稳定运行 ………………………………………… 138

附录
附录1　农民合作社成为供应链核心组织的影响因素相对重要性
　　　评价 ………………………………………………………… 143
附录2　农民合作社成为供应链核心组织的影响因素重要性评价 … 146
附录3　以农民合作社为核心组织的加工企业合作伙伴选择指标相对
　　　重要性研究 ………………………………………………… 148
附录4　以农民合作社为核心组织的加工企业合作伙伴选择指标相对
　　　重要性研究判断矩阵 ……………………………………… 149
附录5　以农民合作社为核心组织的销售企业合作伙伴选择指标相对
　　　重要性研究 ………………………………………………… 153
附录6　以农民合作社为核心组织的销售企业合作伙伴选择指标相对
　　　重要性研究判断矩阵 ……………………………………… 154

附录7　以农民合作社为核心组织的农产品供应链备选加工企业主观
　　　数据获取 …………………………………………………………… 157

附录8　以农民合作社为核心组织的农产品供应链备选销售企业主观
　　　数据获取 …………………………………………………………… 159

附录9　以农民合作社为核心组织的农产品供应链利益协调影响因素
　　　指标构建意见问卷 ………………………………………………… 161

附录10　以农民合作社为核心组织的农产品供应链利益协调影响因素
　　　 指标修改意见问卷 ………………………………………………… 163

附录11　以农民合作社为核心组织的农产品供应链利益协调影响因素
　　　 指标相对重要性评分表 …………………………………………… 164

参考文献 …………………………………………………………………………… 166

第一章 绪　论

第一节　农产品供应链的相关概念界定

一、供应链及供应链核心企业

近年来，随着专家学者对供应链研究的不断深入，供应链的概念也在不断演化。一般可以表述为供应商和分销商等节点企业与消费者共同组成供应链，其中的核心企业利用供应链上的资金信息和物流信息，主导供应链中的加工、生产、运输等各项流程实现增值，各节点企业从中获取相应经济利润。

核心企业在供应链整体运行过程中起到统筹、协调、控制的作用，是供应链能够维持运行的核心力量。近年来，学者提出的供应链定义不尽相同，但追其根源都认为核心企业应该具备供应链的核心资源，能够对供应链上物流、资金流、信息流进行协调和配置，通过自身的实力带动整条供应链中的节点企业发展并获利。结合相关文献，本书对核心企业的定义是：拥有供应链中原材料、技术、物流渠道、客户等核心资源，通过制定供应链整体发展战略，协调信息流、物流、资金流的资源配置，对供应链中其他节点企业有较强影响力并给相关企业带来收益，可以决定供应链整体核心竞争优势和发展水平的企业。

二、农民合作社及其性质

根据《中华人民共和国农民专业合作社法》，农民专业合作社是指在农村家庭承包经营基础上，农产品的生产经营者或者农业生产经营服务的提供者、利用者，自愿联合、民主管理的互助性经济组织。国际上对农民合作社的基本共识是一种兼有企业和社团双重属性的社会经济组织，一方面，农民合作社在组织形式上与企业十分接近，企业以营利为目的，农民合作社经营的目的在于能够以农民合作组织的形式集体参与市场，最大化地获取市场利润，为社员带来收益；另一方面，农民合作社在组织决策上与社团十分相似，它是拥有平等经济地位的群体组成的自愿互助的自治组织，与其他社会群众团体一样实行民主管理原则。

三、农产品供应链核心组织

根据供应链理论，国内外学者一般都将主导供应链运营的各类组织统称为"核心企业"，这其实具有一定的局限性。在农产品供应链中，主导其运营的可以是农民合作社、加工企业或销售企业，而农民合作社具有企业和社团的双重性质，其属于互助性经济组织，"核心企业"的概念在农民合作社主导的农产品供应链中并不适用，同时，加工企业和销售企业作为以营利为目的的经济组织也是组织的一种。因此，本书提出农产品供应链"核心组织"的概念，即为掌握农产品供应链中特色原材料、核心技术或客户等核心资源，通过制定供应链发展战略，协调信息流、物流、资金流等资源配置，并对供应链中其他节点组织进行管理，带领供应链上各节点组织共同获得超额收益，且能够决定供应链核心竞争优势和发展水平的组织。相应地，供应链节点企业的概念也应扩展为供应链节点组织，是指处于非核心地位的供应链其他组织，在供应链中起到协作者的作用。

四、特色农产品

根据农产品的特点，可将农产品分为特色农产品和非特色农产品。特色农产品是指由土地资源禀赋、气候条件、种植（养殖）或加工技术等条件决定的，其核心竞争优势难以复制的产品，如五常核心产区大米、山东栖霞苹果、密云农家土猪肉等。非特色农产品是指无核心竞争优势的普通农产品，如超市中常见的普通大米、水果、蔬菜、肉类及面粉等。

第二节 农产品供应链研究运用的理论与方法

一、扎根理论

扎根理论是一种由芝加哥大学的 Barney Glaser 和哥伦比亚大学的 Anselm Strauss 两人一起钻研得出的研究方法。其原理是采用系统化的程序，对于某一现象来发展并归纳总结出扎根理论的定性研究方法。

扎根理论的重点是通过挖掘文字内容和理论基础中所包含的关键信息与两者之间的关联度，凝练出材料和理论中的性质与特点，是一种从底层出发对文字内容进行三个等级编码，再通过缩小编码等级来形成理论的方法。其中，一级编码用以获取文字内容自身特性；二级编码是利用对照法，探索不同理论概念之间的相互关联；三级编码是在建立模型之前对理论概念进行升华，以确定"核心范畴"。扎根理论分析流程如 1-1 所示。

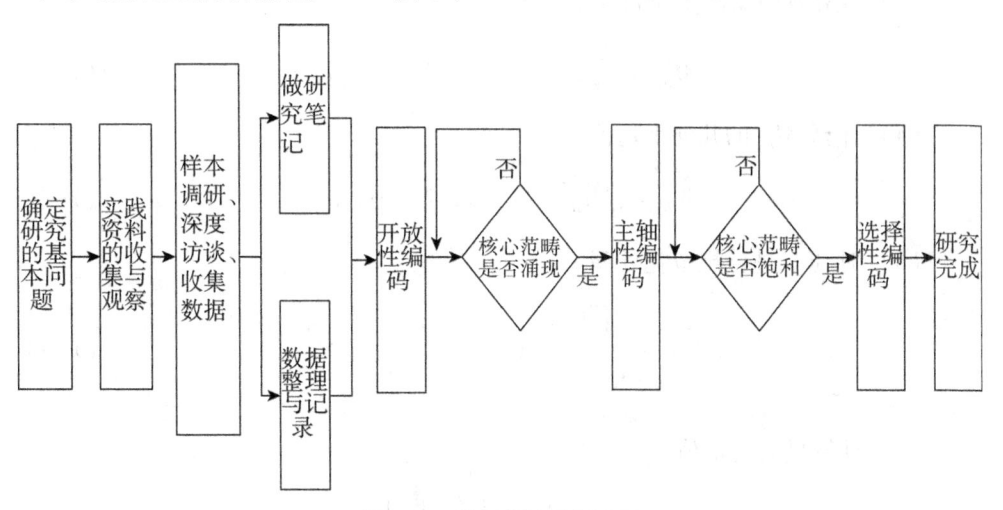

图 1-1 扎根理论分析流程

二、层次分析法

层次分析法把问题分成不同的层次，通过求解判断矩阵的特征向量，求出每个层次的各元素对上一层次某元素的权重，最后递阶求出各元素对总目标的最终权重。层次分析法的步骤如下。

（1）构建层次结构模型。确定要研究的问题，建立层次结构，按照决策目标、考虑因素和决策对象之间的关系分为最高层、中间层和最低层，构建层次结构模型。

（2）构建判断矩阵。判断矩阵指为了分析第 $K+1$ 层与第 K 层问题的相对重要性而建立的矩阵表达式。设置两两判断矩阵为：

$$B = (b_{ij})_{n \times n} = \begin{bmatrix} b_{11} & b_{12} & \cdots & b_{1n} \\ b_{21} & b_{22} & \cdots & b_{2n} \\ \vdots & \vdots & \vdots & \vdots \\ b_{n1} & b_{n2} & \cdots & b_{nn} \end{bmatrix}, \ b_{ij} > 0, \ b_{ji} = \frac{1}{b_j}, \ b_{ij} = 1 \quad (1-1)$$

式中：b_{ij}——对目标层而言，要素 B_i 和 B_j 哪个更重要；

n——判断矩阵阶数。

（3）计算判断矩阵中每行元素的乘积。

$$M_{B_i} = \prod_{j=1}^{x} b_{ij} \quad (i = 1, 2, \cdots, n) \quad (1-2)$$

（4）计算 M_{B_i} 的几何平均值。

$$\overline{W}_{B_i} = \sqrt[n]{M_{B_i}} \quad (i = 1, 2, \cdots, n) \quad (1-3)$$

（5）对 $\overline{W}_{B_i}$ 进行规范化处理。

$$W_{B_i} = \frac{\overline{W}_{B_i}}{\sum_{i=1}^{n} \overline{W}_{B_i}} \quad (i = 1, 2, \cdots, n) \quad (1-4)$$

（6）计算最大特征值。

$$\lambda_{\max} = \frac{1}{n} \sum_{i=1}^{n} \frac{(B \cdot W_B)_i}{(W_B)_i} \quad (1-5)$$

式中：B——已知判断矩阵；

n——判断矩阵的阶数；

W_B——相对权重列向量。

（7）一致性检验。对判断矩阵进行一致性检验：

$$C \cdot R = \frac{C \cdot I}{R \cdot I} \tag{1-6}$$

$$C \cdot I = \frac{\lambda_{\max} - n}{n - 1} \tag{1-7}$$

式中：$R \cdot I$——比例系数，具体取值见表1-1。

表 1-1 $R \cdot I$ 值

n	1	2	3	4	5	6	7	8	9
$R \cdot I$	0	0	0.58	0.90	1.12	1.24	1.32	1.41	1.45

当 $R \cdot I < 0.1$ 时满足一致性要求；反之，需要重新构建判断矩阵，再次进行一致性检验。

（8）层次总排序权重计算。层次总排序指按照每一层的排序结果，计算最底层各因素对第一层问题的相对重要性排序。假设问题的结构层次分三层，则总排序计算公式为：

$$W_{ik} = \sum_{i=1}^{n} W_B \cdot W_{C_k} \quad (k = 1, 2, \cdots, m) \tag{1-8}$$

式中：m——二级指标个数。

三、模糊综合评价法

模糊综合评价法的评价步骤如下。

（1）确定评价对象及选择指标体系集。首先确定评价对象为 P，P 的选择指标体系集 $U = \{u_1, u_2, \cdots, u_n\}$，$n$ 是评价因素的个数，u_i ($i = 1, 2, \cdots, n$) 为指标所对应的数值。

（2）确定选择指标体系等级。评价等级 $v = \{v_1, v_2, \cdots, v_m\}$，即指标的评价等级分为 m 层，其中，v_j ($j = 1, 2, \cdots, m$) 为对 u_i 的评价等级。

（3）确定选择指标体系的权重向量 A。确定指标的重要性，$A = \{a_1, a_2, \cdots, a_n\}$，满足 $\sum_{i=1}^{n} a_i = 1$。其中，a_i ($i = 1, 2, \cdots, n$) 表示指标的权重；A 表示由各

个指标权重组成的权重向量。

（4）建立模糊评价矩阵 R。根据评价等级 v 对 U 中的元素进行模糊评价，获得评价矩阵如下：

$$R = \begin{bmatrix} r_{11} & r_{12} & \cdots & r_{1m} \\ r_{21} & r_{22} & \cdots & r_{2m} \\ \vdots & \vdots & \vdots & \vdots \\ r_{n1} & r_{n2} & \cdots & r_{nm} \end{bmatrix} \quad (1-9)$$

式中：r_{ij}——评价对象相对于评价等级 v_j 的隶属程度，满足 $\sum_{j=1}^{m} r_{ij} = 1 (i = 1, 2, \cdots, n)$。

（5）多指标综合评价。利用合适的模糊合成算子，将模糊权重向量 A 与模糊评价矩阵 R 进行合成，获得模糊综合评价结果 B，表示如下：

$$B = A \cdot R = \{b_1, b_2, \cdots, b_m\} \quad (1-10)$$

式中：b_j——评价对象相对于各层评价等级 v_i 的隶属度（$i=1, 2, \cdots, n; j=1, 2, \cdots, m$）。

（6）分析评价结果。通过指标的计算结果进行取值的改正，得到最终评价得分，确定评价对象 P 的评价等级。模糊综合评价法的主要流程如图 1-2 所示。

四、熵权 TOPSIS 法

（一）方法介绍

熵权的 TOPSIS（Technique for Order Preference by Similarity to an Ideal Solution）法是一种先运用熵权法确定各评价选择指标体系权重后，再运用 TOPSIS 分析各权重优劣情况，快速对有限方案进行评价排序的综合评价方法。熵权法的计算相对简单，

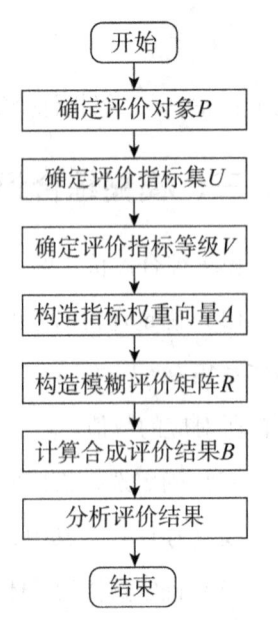

图 1-2　模糊综合评价法的主要流程

且可削弱甚至剔除数据主观性的影响。TOPSIS 法是一种在已知的有限个对象中作相对优劣评价，且评价结果逼近于理想解的方法。

在本书的研究过程中，首先，考虑到给主观因素打分存在犹豫度的问题，引入了"直觉模糊集"这一计量方法，旨在降低指标数据的犹豫度。其次运用熵权计算公式通过直觉模糊集确定主观指标的权重。客观指标可采用客观数值，再依熵权计算公式计算客观指标对应的熵权。再次结合主观指标和客观指标的权数确定出该指标的最终权值。最后借助 TOPSIS 法的多属性决策效果，对已数据量化刻度的备选供应链合作伙伴进行最优化选择，从而选出最佳合作伙伴。该方法能够削弱甚至消除因主观因素对结果带来的主观性影响，相较于其他方法而言，其结果客观性更强，更易于被接受，且方法本身机制较简单，运行过程是结合模型和公式进行计算，运行效率更高。

（二）熵权法计算权重

1. 主观指标权重确定

主观指标在量化时，一般无法用客观数据直接给出，因此，大多是由业内专家对其进行考核后综合打分评定，但专家在打分时仍会存在一定程度的客观犹豫性，所给出的评价只能代表其个人认为的相对好坏，不一定能完全反应指标的真实得分多少，因此，本书的研究对于"专家打分"这一模块进行了改善，引入度量专家打分犹豫度的直觉模糊集。如假设专家打分值为 x，那么与其相对应的包含犹豫度参数的直觉模糊集可设为（α β γ），其中，α 是 x 相对于该项合作价值的隶属度，β 是 x 相对于该项合作价值的非隶属度，$\gamma=1-\alpha-\beta$ 则表示专家在评定 x 时的犹豫度。因此，研究基于参考文献的研究结果，设定出对主观评价值需要采用合作价值量化的等级，见表 1-2。

表 1-2　合作价值量化等级

合作价值大小	评定值/x	直觉模糊集（α β γ）
极大	9	0.90　0.10　0.00
很大	8	0.80　0.10　0.10
较大	7	0.70　0.20　0.10

续表

合作价值大小	评定值/x	直觉模糊集（α β γ）
大	6	0.60　0.30　0.10
中等	5	0.50　0.40　0.10
较小	4	0.40　0.50　0.10
小	3	0.25　0.60　0.15
很小	2	0.10　0.75　0.15
极小	1	0.10　0.90　0.00

在评定第二层主观指标时，可采用该等级表对指标进行量化处理。设定 A_{ij} 表示第 i 个企业的第 j 个指标的评价值，该评价值可以通过主观打分得到，得到主观打分后可依据表1-2对其进行量化操作，从而建立对应的直觉模糊评估矩阵：

$$(A_{ij})_{m\times p} = \begin{bmatrix} (\alpha_{11} & \beta_{11} & \gamma_{11}) & \cdots & (\alpha_{1p} & \beta_{1p} & \gamma_{1p}) \\ \vdots & & & \vdots & & \vdots \\ (\alpha_{m_1} & \beta_{m_1} & \gamma_{m_1}) & \cdots & (\alpha_{mp} & \beta_{mp} & \gamma_{mp}) \end{bmatrix} \quad (1-11)$$

式中：A——直觉模糊评估矩阵；

　　　m——候选企业的个数；

　　　p——主观指标的个数；

　　　α_{ij}——第 i 个企业的第 j 个主观指标对合作价值的隶属度；

　　　β_{ij}——第 i 个企业的第 j 个主观指标对合作价值的非隶属度；

　　　γ_{ij}——专家对第 i 个企业的第 j 个主观指标的犹豫度。

得到直觉模糊评价矩阵后，需计算各企业各指标的直觉模糊熵 $E(x_{ij})$，计算公式为：

$$E(x_{ij}) = \frac{\min[\alpha(x_{ij}),\ \beta(x_{ij})] + \gamma(x_{ij})}{\max[\alpha(x_i),\ \beta(x_{ij})] + \gamma(x_{ij})} \quad (i=1,2\cdots,m;\ j=1,2,\cdots,p)$$

(1-12)

式中：$E(x_{ij})$——第 i 个企业的第 j 个主观指标的直觉模糊熵。

由此得到 E 熵矩阵，如下所示：

$$(E_{ij})_{m \times p} = \begin{bmatrix} E_{11} & \cdots & E_{1p} \\ \vdots & \vdots & \vdots \\ E_{m1} & \cdots & E_{mp} \end{bmatrix} \quad (1-13)$$

从而求得各主观指标的直觉模糊熵 $E(x_j)$：

$$E(x_j) = \frac{\sum_{i=1}^{m} E(x_{ij})}{m} \quad (i=1,2,\cdots,m; j=1,2,\cdots,p) \quad (1-14)$$

式中：$E(x_j)$——第 j 个主观指标的直觉模糊熵。

熵权计算公式如下：

$$\omega(x_j) = \frac{1 - E(x_j)}{\sum_{j=1}^{p} [1 - E(x_j)]} \quad (j=1,2,\cdots,p) \quad (1-15)$$

式中：$\omega(x_j)$——第 j 个主观指标的熵权。

2. 客观指标权重确定

客观指标的来源是客观数据，得到客观数据后需对数据进行无量纲化处理，η_{ij} 用来表示第 i 个企业的第 j 个客观指标的数据，其无量纲化的结果是：

$$\eta_{ij} = \frac{\eta_{ij} - \min_j \delta_{ij}}{\max_j \delta_{ij} - \min_j \delta_{ij}}, \delta_{ij} \in I_1(I_1 \text{为正向指标}; i=1,2,\cdots,m; j=1,2,\cdots,q)$$

$$(1-16)$$

$$\eta_{ij} = \frac{\max_j \delta_j - \delta_i}{\max_j \delta_{ij} - \min_j \delta_{ij}}, \delta_{ij} \in I_2(I_2 \text{为正向指标}; i=1,2,\cdots,m; j=1,2,\cdots,q)$$

$$(1-17)$$

式中：η_{ij}——第 i 个企业的第 j 个客观指标数据经过无量纲化处理后的数值；

δ_{ij}——第 i 个企业对应的第 j 个客观指标的数据；

q——客观指标的个数。

客观指标熵值的信息熵公式为：

$$\lambda_{ij} = \frac{\eta_{ij}}{\sum_{i=1}^{m} \eta_{ij}} \quad (i=1,2,\cdots,m; j=1,2,\cdots,q) \quad (1-18)$$

式中：当 $\lambda_{ij} \neq 0$ 时，$E(\eta_j) = -\ln\frac{1}{m}\sum_{i=1}^{m}\lambda_{ij} \cdot \ln\lambda_{ij}$ $(i = 1, 2, \cdots, m; j = 1, 2, \cdots, q)$；

当 $\lambda_{ij} = 0$ 时，$E(\eta_j) = 0$ $(i = 1, 2, \cdots, m; j = 1, 2, \cdots, q)$；

$E(\eta_{ij})$ ——第 i 个企业的第 j 个客观指标的熵；

λ_{ij} ——第 i 个企业的第 j 个客观指标值在候选企业第 j 个客观指标值总和占比。

再根据各客观指标的熵来确定各客观指标熵的权重：

$$\omega(\eta_j) = \frac{1 - E(\eta_j)}{n - \sum_{j=1}^{n}E(\eta_j)} \quad (j = 1, 2, \cdots, q) \quad (1-19)$$

式中：$\omega(\eta_j)$ ——第 j 个客观指标的熵权。

3. 综合权重计算

得到所有指标的熵权后，需要进行综合权重计算。其中，主观指标与客观指标会有相应的权数 b_1 和 b_2，该权数是由专家组确定得到的，各指标熵权与对应权数相乘，结合之后得到所有底层选择指标体系权值 ω_j $(j = 1, 2, \cdots, n)$。

（三）基于综合权重的 TOPSIS 法

假设评价模型有 i 个评价对象，每个评价对象下有 j 个指标，将指标分为主观指标和客观指标后，分别进行评价后得到各个指标综合权重。为使主观指标和客观指标趋于同一，需对所有指标 η_{ij} 进行规范化处理，公式为：

$$\lambda_{ij} = \frac{\eta_{ij}}{\sum_{i=1}^{n}\eta_j} \quad (主观指标：\eta_{ij} - |\alpha(x_{ij}) - \beta(x_{ij})|) \quad (1-20)$$

获得规范化矩阵为：

$$\lambda = (\lambda_{ij})_{m \times n} = \begin{bmatrix} \lambda_{11} & \cdots & \lambda_{1n} \\ \vdots & \vdots & \vdots \\ \lambda_{m1} & \cdots & \lambda_{mn} \end{bmatrix} \quad (1-21)$$

式中：λ_{ij} ——第 i 个企业的第 j 个指标数据经过规范化处理后的数值；

m ——候选企业的个数；

n ——所有指标的个数。

将已经规范化处理后的所有数据及各指标对应的最终权值分别代入公式：

$$Q_{ij} = \omega_j \cdot \lambda_{ij} (i = 1, 2, \cdots, m; j = 1, 2, \cdots, n) \quad (1-22)$$

构造出加权规范化矩阵：

$$Q = (Q_{ij})_{m \times n} = \begin{bmatrix} \omega_1 \cdot \lambda_{11} & \cdots & \omega_n \cdot \lambda_{1n} \\ \vdots & \vdots & \vdots \\ \omega_1 \cdot \lambda_{m1} & \cdots & \omega_1 \cdot \lambda_{mn} \end{bmatrix} \quad (1-23)$$

根据加权规范化矩阵，计算出各指标的正理想解和负理想解。

正理想解：

$$Q_j^+ = \begin{cases} \max_j Q_{ij} & (j \text{ 为效益型属性}) \\ \min_j Q_{ij} & (j \text{ 为成本型属性}) \end{cases} \quad (j = 1, 2, \cdots, n) \quad (1-24)$$

负理想解：

$$Q_j^- = \begin{cases} \max_j Q_i & (j \text{ 为成本型属性}) \\ \min_j Q_{ij} & (j \text{ 为效益型属性}) \end{cases} \quad (j = 1, 2, \cdots, n) \quad (1-25)$$

计算加权欧式距离：

$$l_i^+ = \sqrt{\sum_{j=1}^n (Q_{ij} - Q_j^+)^2} \quad (i = 1, 2, \cdots, m) \quad (1-26)$$

$$l_i^- = \sqrt{\sum_{j=1}^n (Q_{ij} - Q_j^-)^2} \quad (i = 1, 2, \cdots, m) \quad (1-27)$$

计算相对接近度：

$$G_i = \frac{l_i^-}{l_i^+ + l_i^-} \quad (i = 1, 2, \cdots, m) \quad (1-28)$$

式中：$G_i \in [0, 1]$，且 G_i 越趋近于 1，表示该目标方案越优异。

图 1-3 所示为基于熵权的 TOPSIS 法应用流程。

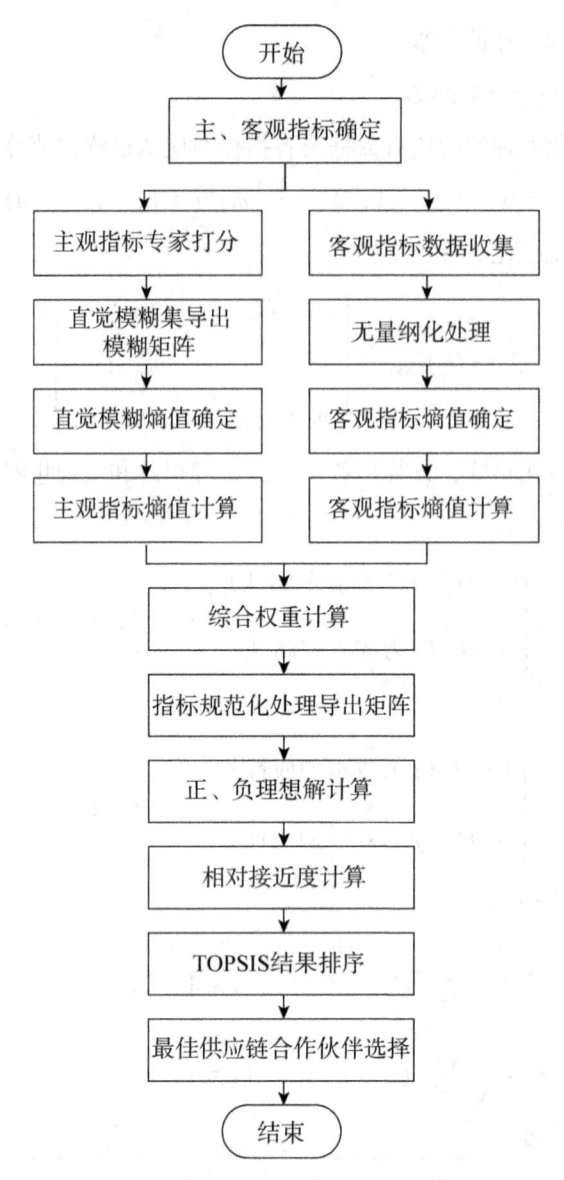

图 1-3 基于熵权的 TOPSIS 法应用流程

五、Shapley 值法

（一）Shapley 值法的发展

Shapley 值（Shapley Value）法由罗伊德·沙普利（Lloyd Shapley）于 1953 年提出用来研究多参与主体合作博弈问题的定量分析方法。在收益分配过程中，它不是根据投资成本的比例进行分配，而是按照参与主体在合作联盟收益创造过程中的边际贡献进行分配，其假设条件是当 n 个合作成员共同参与一项经济活动并形成一个小联盟时，合作成员相互之间进行合作能够产生不同的效益。当合作成员间的合作意向大于竞争意向时，增加合作联盟参与主体的数量不会减少供应链整体的收益，反而增加供应链整体的收益。为保证供应链稳定有序地运营下去，采用 Shapley 值法来分配这个最大收益，使得供应链参与主体都能够得到相对公平合理的收益分配方案。Shapley 值即供应链每个合作成员在合作联盟中分得的收益值。

经典 Shapley 值法将所有参与主体视为同等地位，在分配权重时各参与主体的其他贡献被视为均等的 $1/n$，因而易出现平均分配。因此，大量学者对此进行了修正。例如，Nong 在 Shapley 值法中考虑了合作成员的承担风险及资源投入因素，提升供应链利益分配的合理性。林翊将 TOPSIS 法与修正的 Shapley 值法结合使用，其中 TOPSIS 法着重考虑了收益分配影响因素的不同重要程度，这种结合的方法弥补了 Shapley 值法主观性较强的缺陷。孙丹对风险因子进行修正，构建了基于改进 Shapley 值法的农产品供应链利益协调模型，实现了利益相对科学合理的分配。王永明从风险、损耗、质量、准时性、创新、合作等方面对鲜活农产品供应链的利益协调影响因素进行修正，制订了相对科学合理的利益协调方案。

（二）计算步骤

Shapley 值法的计算步骤如下。

（1）参与主体集合。将集合 $D = \{1, 2, \cdots, n\}$ 表示为供应链合作成员的个数有 n 个，n 个合作成员之间均是相互独立的参与主体，两个或两个以上的主体参与供应链的运营可描述为合作博弈问题。

（2）特征函数。将 S 表示为一个合作联盟，显然，$S \subseteq D$。用 $v(S)$ 表示 S 获得的最大收益，这也成为合作博弈的特征函数，用来计算出 Shapley 值。D 中任一子集 S 都对应于一个实值函数，其中，$v(S)$ 满足以下条件：

$$\begin{cases} v(\emptyset) = 0 \\ v(S_1 \cup S_2) \geq v(S_1) + v(S_2) \\ v(S) \geq \sum_{i \in S} v(i) \end{cases} \quad (1\text{-}29)$$

式中：$S_1 \cap S_2 = \emptyset$，$S_1 \subseteq D$，$S_2 \subseteq D$。

式（1-29）表示的是参与成员合作分得的收益不少于非合作收益，且所有参与成员都进行合作时每个成员都能实现自身利益最大化，此时合作的总收益记为 $v(D)$。在合作 D 的基础上，第 i 个参与主体从联盟收益 $v(D)$ 中可分得的收益为 $\Phi_i(D)$，第 i 个参与主体从联盟收益 $v(S)$ 中可分得的收益为 $\Phi_i(S)$，则合作收益的分配表示成：

$$\Phi(D) = [\Phi_1(D), \Phi_2(D), \cdots, \Phi_n(D)] \quad (1\text{-}30)$$

显然，供应链合作成功需要满足下面条件：

$$\begin{cases} \sum_{i=1} \Phi_i(D) = v(D) \\ \Phi_i(D) \geq \Phi_i(S) \end{cases} \quad (1\text{-}31)$$

在合作联盟 D 中，用 Shapley 值法计算的各参与主体获得的利益可以表示为：

$$\Phi_i(D) = \sum_{S \in S_i} \frac{(n - |S|)!\,(|S| - 1)!}{n!} [v(S) - v(S \setminus i)] \quad (1\text{-}32)$$

式中：S_i——集合 D 中包含 i 所有子集；

$|S|$——子集元素个数；

n——集合 D 元素个数；

$v(S)$——子集收益；

$v(S \setminus i)$——子集 S 去掉参与主体 i 后可分配的收益；

n——供应链成员个数。

第三节 农民合作社成为农产品供应链核心组织的特殊意义

供应链核心组织拥有供应链原材料或技术、物流渠道、客户等核心资源,主导和控制整条供应链的发展走向。当核心组织不能保持自身的核心资源优势或核心资源相对重要程度发生变化时,即供应链的瓶颈资源发生改变,核心组织的影响力变弱,其所处的领导地位面临严重挑战,此时供应链的核心组织开始演化漂移,漂移到供应链上游或下游位置。

农产品供应链的外部环境、内部因素、产品性质和供应链核心组织自身的素质,都会影响供应链核心组织的位置。即使在同一条农产品供应链中,某个因素的改变也可能会使供应链核心资源发生改变,进而导致供应链核心组织的演化漂移。例如,在消费者消费能力有限的情况下,农产品供应链的核心资源是客户资源,而随着消费者的消费升级,会使供应链的核心资源逐渐转移到特色初级农产品的供应上,农民合作社在供应链中竞争力增强,逐步成为供应链核心组织。笔者实地调研发现,黑龙江克山县"仁发现代农业农机专业合作社"、云南龙陵县"云山深处高原特色发展专业合作社"、河南省舞钢市"旭超果蔬专业合作社"等当前国内发展较好的农民合作社都在其参与的部分供应链中成为供应链的核心组织。

农民合作社成为供应链的核心组织,可实现以下特殊意义。

一、提高农民收入

在以农民合作社为核心组织的农产品供应链中,产品的核心竞争力主要来自合作社产出农产品的特色程度,农产品的特色体现在依托一系列独特的自然条件或技术条件等,使特色农产品与普通农产品加以区分。包括土地资源禀赋为农产品带来的特色,如五常大米、桥头地瓜、讷河土豆等,都带有明显的地域色彩;被贴上气候品质认证的紫笋茶、京艳桃、京白梨等,是缘于气候品质才能蜚声中外；密云农家土猪肉、龙冠龙井等产品，是融合了养殖、种植、加工等技术条件，才能在众多的农产品中脱颖而出，成为知名产品。总之，这些产品的共同特点是其核心竞争优势难以复制，也正是因为难以复制，才使这种特色能为农产品带来高于其本身价值的额外价值。在这样的农产品投放市场后，能尽快实现农产品的高质量生产和高效率流通，让农民合作社中的相关主体都能受益于产品带来的红利，为生产解除后顾之忧。

农民合作社可以利用自身的资源成为农产品市场深度经营的组织者、领导者和实施者，通过订单生产、订单经营、期货经营、品牌经营、打造农产品经纪人等形式，保证农产品的销售，规避生产交易风险，控制农产品价格大幅波动，在提升农产品的附加值及市场竞争能力等方面都起到积极作用。在此过程中，农民合作社作为核心组织，会更具有领导力和话语权，在进行利益分配时更倾向于农业产品的核心竞争力来源，增加农民合作社收益，进而提高合作社社员收入。

当农民合作社成为供应链的核心组织时，组织的地位也随即发生改变，凭借组织的规模化及其话语权，它会省去中间环节，与大市场直接对接，避免产生由于信息不透明、不对称所带来的额外的交易成本，在提升产品价值的同时，通过品牌经营、技术融入等，创造更大的产品附加值，最终为农民合作社的全体社员创造更大的经济收益。

二、促进农业供给侧结构性改革

推进供给侧结构性改革，是我国深刻把握全球经济新格局和我国经济发展大势作出的重大战略部署，是破解经济发展中供需失衡、产能过剩等问题，引领我国经济高质量发展的创新举措。发展现代供应链，有利于运用先进的供应链管理技术和模式来替代过去低效、粗放的运营模式，促进降本增效，优化供给结构、供给质量和供给效率，推动经济高质量发展。

供应链作为连接农产品供给侧和需求侧的桥梁与纽带，是以市场化方式推进供给侧结构性改革的重要抓手。供应链核心组织作为信息控制中心，借助互联网、云计算、大数据、人工智能等信息技术，掌握并控制整个供应链上的信息流动，促进上下游企业之间按照战略协同来及时准确地作出市场反应，进行理性决策，有序安排生产，促进供需精准匹配和产业转型升级。作为供应链的核心组织，农民合作社可以收集市场信息、竞争者信息、上游供应商信息、下游企业信息等，通过对市场的精细化了解掌握市场发展动态、消费风向、消费者需求变化、消费者偏好等，促使农民合作社改变原有的生产方式，从过去的"按意愿生产"转变为"按市场需求生产"，减少了源头上的风险，同时做到以市场为导向，及时调整产品策略、提高种植养殖技术水平，提升产品的核心竞争能力，进而使特色农产品的生产数量与消费者需求匹配程度提升。

另外，随着人们生活水平提高，人民群众对于商品的品质越来越关注，尤其是作为日常食用的农产品，人们对其质量更是关注有加。源头农产品的质量被提到重要高度，多数消费者更倾向于消费升级来选择优质产品，作为供应链的核心组织，农民合作社就可以起到纽带作用，把生产做好、监督好，出产优质产品，把市场调研好、需求摸排好，实现产销对接，最终推进农业供给侧结构性改革。

三、推动农产品供应链健康发展

农业是我国的基础产业，农业稳定持续发展对促进国民经济持续增长和保持社会安定具有重要意义。我国当前农产品市场供需总体平衡，但是市场上产品价格波动幅度大、物流成本高的问题普遍存在，在一定程度上打击了农民的积极性，这些问题一方面显示出农产品需求缺口不断扩大、人多地少的矛盾更加突出，另一方面也表明我国农产品供应链建设没有跟上市场需求的步伐。农产品供应链目前还存在流通环节多、信息不对称、供应链运行成本高、农产品溯源化管理不完善等问题。

农产品供应链是通过对农产品的物流、信息流、资金流的控制，协调农业生产资料供应商、生产者、经销者、消费者之间的利益，从农业生产资料开始，到完成农产品种植、收购、加工、运输及分销等一系列过程，包括农产品生产、收购、运输、存储、装卸搬运、流通加工、包装、配送、销售等一系列环节。

当合作社处于农产品供应链上游时，它能为农户提供化肥、种子等生产资料；处于中游时，可以对生产活动及行为进行指导和质量监控；处于下游时，则可以收购农产品。而且由于合作社是农户集体代表，有利于为生产者争取最大利益。

根据供应链核心组织演化漂移理论，占据以农民合作社为核心组织的农产品供应链核心资源，农民合作社成为供应链核心组织是符合供应链发展规律的。供应链上游进行特色农产品生产，利用其原材料可替代性较弱的特点，从源头强化品牌效应，更能保障农产品供应链上农产品的质量安全，有助于加强与下游节点组织的密切合作，在农民合作社的主导下共建农产品流通平台和信息中心。只有顺应供应链的演化规律，才能更好地促进农产品供应链的稳定和健康发展。

四、加快农业农村现代化

加快农业农村现代化，既是实现"四化"同步发展的客观需要，也是乡村产业振兴的必然要求。农业农村现代化是农村产业现代化、农村生态现代化、农村文化现代化、乡村治理现代化和农民生活现代化的有机整体，大力加快农村产业现代化是实现农业农村现代化的一项重要内容，产业发展是关键环节，推进第一、第二、第三产业融合发展，加快产业体系现代化，是实现乡村振兴的基础和前提，也是重点。加快农村产业现代化步伐，重点是建设"三链"，即延伸产业链，大力发展农产品加工业；贯通供应链，完善农产品流通设施；提升价值链，发展新产业新业态。

目前，流通渠道不畅是制约农产品高效流通的主要因素，多数的农产品流通渠道仍属于低层次运作，农产品运输主体数量多、规模小、较分散，导致效率低下，难以实现规模经济，最终导致农产品被层层加价，农产品销售价格被提高。

当农民合作社成为农产品供应链的核心组织后，可显著提高农民合作社的市场竞争力，在规模经济和范围经济的带动下，通过科技创新和先进的产业组织形式逐步形成标准的产业体系，农村产业发生集聚效应，减少中间环节，把第二、第三产业逐渐与第一产业融合发展，既能提高产业组织效率，还能降低外部交易成本，进而加快农村产业现代化进程。

第二章
农民合作社主导的农产品供应链形成机理及结构分析

第一节 基于系统论以农民合作社为核心组织的农产品供应链形成机理分析

理论生物学家贝塔朗菲（Bertalanffy）于1937年提出系统论（Systems Theory）的思想，奠定了"系统论"这一理论基础。1948年，贝塔朗菲在美国讲授"一般系统论"，此时系统论才逐渐被学术界重视。1968年，贝塔朗菲发表的《一般系统理论基础、发展和应用》成为系统论的代表作。系统论与信息论、控制论并称为"老三论"。系统是普遍存在的。系统论是将研究对象系统化，从系统的结构、特征、行为、关系等方面进行数学描述。系统论的核心是从整体出发探究系统和子系统间各要素的关系，从而促进系统整体优化。系统论强调整体大于局部之和的关系，认为系统中的要素并非独立存在，要素之间相互关联，每个要素都在系统的特定位置上发挥着不同的作用，所有要素共同构成了一个整体且难以分离。系统论不仅可以总结出系统的运行特点和运行规律，还能够识别系统运行中存在的问题，及时对系统内结构和各要素之间的关系作出相应调整，最终实现系统的优化。

系统论的发展体现了当代科学研究趋势，系统观念逐渐深入各个专业领域，改变着原有的思维模式。在系统论的指导下，面对关系错综复杂、参数众多的问题时，首先以系统思维考虑整体性特点，再分析子系统之间的联系和各要素之间的关系与变动规律，能够使复杂问题相对简单化。系统论为多个学科研究提供了新方法和新思路，它的出现促进了现代科学研究的进一步发展。

系统论的特点主要集中在以下五个方面。一是系统的整体性，强调事物的整体特点，能够站在宏观的视角对研究对象高屋建瓴，将复杂问题抽象成能够解释的整体结构。同时，它也考虑整体与局部、整体与环境、局部与局部之间的关系。二是系统的有序性。贝塔朗菲认为系统的存在即表现为一种有序状态，系统的结构和层次都表现出有序性的特征。一个系统的运行越有序。稳定性就越强。若系统趋于无序状态也就是稳定性下降，完全无序则意味着系统解体。三是系统的动态性，系统的状态不是一成不变的，会随时间的变化发生改变，正如前文所说，系统会在有序和无序之间变化。贝塔朗菲认为系统是开放的，必然与外界环境存在信息、物质和能量的传递，这会使系统产生变化。同时，由于系统的复杂性，也受到系统内部结构以及内部多个要素的影响，因此，动态性是系统的必然表现。四是系统的目的性，即一个系统是有特定功能的，其发展方向是趋于有序的，并不是随机状态下的要素组合。系统的目的性取决于系统自身的结构和要素，一般来说，系统在实现其本身功能的基础上以提高运行效率、增强系统稳定性为主要目的。五是系统的关联性，一个系统是多个子系统和若干要素的有机组合。子系统之间相互关联，要素之间也具有错综复杂的关系。系统内部各要素之间的相互作用使得系统整体状态发生变化。

在传统农产品供应链中，生产者处于相对弱势的地位，农户分散组织化程度较低，在供应链上议价能力较弱，使得更多利润流向供应链下游企业。实践表明，农民合作社主导农产品供应链是打破这一格局的可行路径。农民合作社主导的农产品供应链从本质上看是一个动态开放的系统。从系统论角度来看，系统观念强调要树立大局观和协调意识，即"整体大于部分之和"。供应链管理的最终目标是通过对供应链上节点组织的有效整合，实现节点组织间的协同合作，从而整个供应链能够以更低的成本满足消费者需求且使得整体收益最大化。由于农民合作社自身发展还面临一些问题与挑战，主营普通农产品的供应链难以由农民合作社主导，然而在以农民合作社为核心组织的农产品供应链上，部分农民合作社更有可能占据供应链上的主导地位。以农民合作社为核心组织的农产品供应链的核心竞争力来源于农产品的特色度和品质。特色农产品具有明显的地域特征，其特色度来源于生产端的独特资源禀赋和生产技术。农民合作社在生产环节通过提高小农户的组织化程度，可以实现特色农产品的规模化、标准化经营，进而与加工企业合作进行特色农产品的初级加工，再通过销售企业面向消费者。

供应链的系统性是农民合作社主导的农产品供应链形成的基础条件。农民合作社主导的农产品供应链是以农民合作社为核心组织，由加工企业、销售企业作为节点组织共同进行供应链上的信息流、物质流、资金流传递的开放性系统。首先，它具备系统的整体性，是由多个具备不同功能的参与主体组成的统一体，能够通过契约和机制将参与主体统一起来，发挥供应链整体的协同效应。若要加快实现供应链上节点组织间协同合作的战略目标，需要构建合理的供应链系统以及设计合理科学的机制。其次，农民合作社主导的农产品供应链具备系统的结构性，供应链上的参与主体处于不同位置上，农民合作社为供应链上的核心组织，加工企业和销售企业为从属企业，供应链的特点决定了其相应的结构，若系统内部结构发生变化，会使整个系统遭到一定程度的损害。农民合作社主导的农产品供应链具备系统的动态性，供应链状态会随时间的变化发生改变，从简单到复杂、从无序到有序、从低级到高级，不断优化、动态发展，实现动态和平衡相统一。最后，农民合作社主导的农产品供应链还具备系统的关联性，供应链系统包括多个子系统，子系统之间和要素之间是相互关联、互相影响的。根据系统论的观点，宏观系统是由多个微观子系统组成的，但当这些微观子系统之间缺乏有效协调时，可能会导致宏观系统整体效率低于微观系统效率总和。

第二节　基于委托—代理理论以农民合作社为核心组织的节点组织竞争关系分析

美国经济学家伯利（A. A. Berle）和米恩斯（G. C. Means）于20世纪30年代基于企业内部的信息不对称问题和激励问题提出委托—代理理论，最早用于研究企业内部治理问题。委托—代理理论是制度经济学中契约理论的关键内容，最核心的任务是研究在存在信息不对称和利益冲突的情况下，如何设计最优契约。这一理论的建立以非对称信息博弈为前提，是指一些参与人具有其他参与人没有的信息，这种信息不对称性包括信息获取时间的不对称以及信息内容上的不对称两个方面。信息获取时间的不对称是指可能发生在签订契约之前或者签订契约之后，一般用逆向选择模型研究事前非对称信息，用道德风险模型研究事后非对称信息。信息内容上的不对称是指可能由于参与人对信息的隐藏行为导致另一个参与人获取不到完整信息。

委托—代理关系起源于专业化分工。随着规模化程度的加深和生产力水平的逐渐提高，分工开始进一步细化，委托人由于能力、知识等限制不能参与所有生产环节，会选择具备相对优势的代理人来行使被委托的权力。随着对委托—代理理论的深入研究，学者发现委托—代理关系不仅体现在企业的所有权与经营权的分离上，还普遍存在于经济社会等各个领域。若没有合理的制度安排，代理人的行为选择有可能会侵害委托人的权益。

詹森（Jensen）和威廉·麦克林（William Meckling）对委托—代理关系作出了进一步扩充。根据两人给出的定义，委托—代理关系是指在市场交易中，一个行为主体或者多个主体通过制定隐含或明示的契约雇用另一个或多个行为主体，并且根据被雇用者提供服务的质量和数量提供相应的报酬。前者即委托人，被雇用者即代理人，由于委托人依赖代理人提供的服务，则产生了委托—代理关系。在这个交易中存在多个主体，且多个参与主体在一定的约束条件下追求各自利益最大化。多个主体都面临着不确定性风险，多方掌握的信息处于非对称状态。在委托—代理关系中会有两种选择行为发生：一种是委托人选择代理方，按照契约支付给代理方相应的报酬，但是对代理方的具体行为难以监测；另一种是代理方选择自己的行为，选择行为后结果随机，不能由代理方完全控制，这一结果可能同时影响到委托方和代理方的收益。委托方与代理方在目标、责任与激励等方面都具有不一致性，容易产生信息不对称及其他种种矛盾，代理人有可能违背委托人的意图、侵犯委托人的利益，从而产生机会主义行为，同时出现逆向选择和道德风险，阻碍良好的委托—代理关系的运行。

在农产品供应链建立后,各节点组织之间则会形成委托—代理关系。但是,由于信息不对称的存在,委托方无法全面观察代理方的所有行为,这可能会导致代理方采取损害委托方利益的行为,进而引发道德风险问题。这些道德风险问题包括隐藏信息的道德风险和隐藏行动的道德风险。在供应链运行过程中,若由于下游企业对农产品品质把控不足,使质量不达标的农产品流入市场,结果会在侵犯消费者权益的同时也对农产品品牌造成恶劣影响。最终,若代理方将这种损害委托方的行为归结为外部环境、市场变化等因素,这种行为就带来了隐藏行动的道德风险。若下游企业通过对接消费者和大市场掌握了优势信息,却出于某些主观原因想隐藏信息独享其成,农民合作社由于信息缺失增加了潜在风险,这种隐藏信息的行为也会使供应链上的整体收益受到损害。供应链上节点组织之间的关系是委托—代理关系,会在一定程度上削弱供应链整体绩效。那么,如何对制度进行合理的设计及优化,能够在实现代理人追求个体利益最大化的同时,最大限度地提高委托人的利益,以及如何降低委托—代理问题的发生概率是亟须解决的难题。

第三节　基于竞合理论以农民合作社为核心组织的节点组织动态关系分析

竞合理论又称合作竞争理论,用来解释企业或者组织之间复杂的合作和竞争行为。竞合理论最早起源于1996年耶鲁大学管理学教授拜瑞·内勒巴夫(Barry Nalebuff)和哈佛大学企业管理学教授亚当·布兰登勃格(Adam Brandenburger)合著的《合作竞争》一书。此后,它开始作为一个单独的理论来应对日益复杂的市场经营环境。竞合理论是指在同时存在合作和竞争的环境中,不能过分强调合作,也不能过分强调竞争,应该利用博弈理论和方法实现企业双赢,实际上是一种非零和博弈。在经济学研究中,非零和博弈相较于零和博弈,由于具有共赢性,是存在主体间合作的可能。拜瑞·内勒巴夫和亚当·布兰登勃格通过博弈模型的建立,对竞合关系的形成因素进行深入分析,最终得出企业之间的合作是创造价值的过程，然而价值分配从本质上来看是一种竞争。通常来看，企业在开拓市场时会相互合作，在收益分配时或者市场份额分配时则会产生竞争关系。竞合理论最终是以建立和维持系统上的竞合动态平衡为目标。

莫顿·多伊奇（Morton Deutsch）在群体动力学理论的基础上，界定了竞合理论的三种目标结构，分别为个体性结构、竞争性结构和协作性结构。他认为，不同方向的依赖会产生主体间不同的互动方式。参与主体之间是存在相互依存、互利互惠的关系。要实现竞合理论的目标需要考虑三个要素，分别是贡献、亲密和远景。贡献是竞合关系能够成功的核心，也就是看竞合关系是否能够提高系统内的资源使用率、参与者是否能够从彼此的核心能力中受益、是否为系统发展创造了新机遇。亲密是指参与者之间的信任程度、信息共享程度和团队效率。远景是指参与者的共同目标是否符合整体的长远发展，这将是竞合关系持续下去的动力源泉。企业之间的竞合战略是一个长期发展战略，竞合能够使企业发挥各自的相对优势，降低外部交易成本，发挥协同效应。

一、农民合作社与加工企业的竞合关系

农民合作社与加工企业之间的关系是合作与竞争的关系。农民合作社不具备农产品进入市场所需的全部资源，因此需要与外界进行资源交易、共享和融合，这就迫使农民合作社与加工企业进行合作，保持密切的关系。农民合作社提供给加工企业需要进行加工的特色农产品，加工企业对收获的特色农产品进行称重、清洁、分级、包装等初级加工。双方保持中长期的合作关系，通过书面合同约定交易农产品的时间、规格、数量等条款。根据农产品收货时间选择多次小批量运送，尽可能降低运输损耗，保证农产品的质量。有限理性使得农民合作社与加工企业难以预知未来发生的不确定性风险，因此，契约中不会包含全部条款，由此会引发机会主义行为，可能引发"事后算账"和收益再分配的问题。另外，节点组织之间的相互独立容易产生信息不对称，为了获得各自的价格优势，会对产品质量、成本等信息进行隐藏，在农产品定价中则容易出现目标冲突。农民合作社希望能以具有优势的价格、付款方式和交货时间获得更多收益，同时，加工企

业也本着自身利益最大化的原则，希望能以较低的价格、有利的时间和方式收购农产品，此时在农产品的定价等方面上即出现了博弈竞争。

二、农民合作社与销售企业的竞合关系

农民合作社与销售企业之间同样存在合作与竞争关系。当农民合作社将农产品初加工外包给销售企业时，或者农民合作社自主加工农产品时，会产生农民合作社与销售企业直接的产品对接。农民合作社提供具有自主品牌的经初级加工的特色农产品，销售企业提供销售渠道，及时反馈市场信息。农民合作社依靠销售企业打开特色农产品品牌市场，提高品牌知名度并增强消费者对特色农产品品牌的黏性。销售企业则依靠农民合作社的产品供应对市场需求实现快速响应，并通过特色农产品品牌吸引潜在消费者。同时，销售企业要通过供应链上游的合作对农产品实现全程质量可追溯，将生产基地、加工车间、物流等环节展示给消费者，增加消费者的信赖程度。农民合作社需要获得销售企业共享的消费者对特色农产品的信息反馈，在产品生产端深入挖掘消费者的偏好，从特色度和品牌定位上迎合消费者的需求。因此，两者通过合作来实现自身的目标。但同样，两者之间也存在价格冲突，农民合作社希望由于农产品特色化程度带来的产品溢价能更多地体现在销售企业的收购价中，而销售企业则更多地将产品溢价体现在终端销售价格中，因此，供应链上的农产品价值增值更多地停留在销售端，生产端与销售端在供应链的收益分配上存在竞争。

三、加工企业与销售企业的竞合关系

加工企业与销售企业之间的关系也是合作与竞争的关系。加工企业通过对特色农产品的初加工创造了产品增值空间，但是不具备对接消费者的营销能力。销售企业具备良好的营销技能和市场对接能力，但缺乏农产品加工技术，因此，两者通过合作提高农产品的附加值。加工企业为销售企业提供初级加工后的农产品；销售企业开拓产品销售渠道，同时向供应链及时反馈市场信息。双方的合作能够降低各个环节的库存成本，降低供应链上的牛鞭效应，为供应链整体创造更

多收益。同样，加工企业与销售企业在进行产品交易时也会存在价格冲突。

第四节 农产品类型及加工方式对农产品供应链核心组织位置的影响分析

通过对农产品加工形式的梳理发现，初级农产品收获后有的不需要加工便可以直接进入市场销售，如蔬菜、瓜果等农产品成熟后，不需要经过复杂的加工工序，只需经过简单的清洗、包装等流通加工工序就可以进入市场；有的初级农产品则需要进行初加工后才能进入市场，如小麦经过清理、配麦、磨粉、筛理、分级等简单加工处理制成小麦粉及各种专用粉就是小麦的初加工过程；还有的初级农产品需经过深加工才能进入消费者手中，如将养殖的生猪宰杀后加工成火腿或香肠的深加工过程，就是对农产品追求更高生产附加值的加工过程。因此，在此进行如下定义：不加工农产品，是指在农产品收获后对其进行简单的计量、包装、分拣等流程就可以进入市场面向终端消费者销售的农产品；初加工农产品，是指经过不涉及农产品内在成分改变的一次性加工，即对收获的各种农产品进行去籽、净化、分类、晒干、剥皮等工序的农产品；深加工农产品，是指在完成粗加工的基础上对半成品进行进一步加工的农产品，使其更具价值，以提升产品核心竞争力。

一、非特色农产品的供应链核心组织

不同的农产品类型会直接影响供应链中核心组织的位置。对于不加工和初加工方式得到的非特色农产品，市场此类产品众多，供应等于或大于需求，产品本身区分度并不高，相较于其他同种类不同生产者生产的农产品，自己的特色并不明显，且其加工方式简单，不能为产品带来过多附加价值。如普通水果、蔬菜等农产品，经过简单的清洗、包装等流通加工工序就可以到达消费者手中；普通的面粉经过对小麦的清理、磨粉、包装等简单的初加工和流通加工工序就可以走向市场。在这类农产品供应链中，销售渠道是瓶颈资源，因此，处于供应链末端的

销售企业较容易成为供应链的核心组织，农民合作社和加工企业作为供应链的节点组织。

对于经过深加工得到的非特色农产品，供应链多以加工企业为核心组织，农民合作社和销售企业作为供应链的节点组织。例如，以蔬菜、水果为原料提取的果汁，需要加工企业有先进的提取技术。这种农产品相较于初加工农产品、不加工农产品需求度低、销售范围窄，产品核心竞争力取决于加工企业的技术水平，因此，这类农产品供应链的瓶颈资源一般是由加工企业掌握。

二、特色农产品的供应链核心组织

与非特色农产品相比，经过不加工和初加工方式得到的特色农产品产量不大，往往供小于求，其核心竞争力主要取决于当地的土地资源禀赋和气候条件。例如，山东栖霞苹果作为知名产地的苹果，只需要进行简单的清洗和包装等流通加工就可以进入市场；五常核心产区大米作为黑龙江省知名特色农产品，通过脱壳、包装等简单的初加工和流通加工工序即可到达消费者手中。在这种农产品供应链中，当农民合作社符合管理水平先进、实力强等特征时，农民合作社便可成为供应链的核心组织。由于近年来农产品生产"逆技术"趋势明显，消费者越来越喜欢有特色的、健康的，甚至是生产方式相对"原始"的农产品，因此管理先进、实力强的农民合作社在不加工或初加工的特色农产品供应链中成为核心组织的优势凸显。但现实中，部分生产此类产品的农民合作社，由于管理相对落后、规模小、带头人思维保守等问题的限制，还未意识到成为农产品供应链核心组织可带来的好处，导致供应链控制权仍掌握在销售企业手中，农民合作社不能分享农产品供应链上的合理利润，进而导致很多农产品供应链合作稳定性差。

对于经过深加工得到的特色农产品，供应链可能以农民合作社或加工企业主导运营，产品核心竞争力部分来自原材料的特色、部分来自加工的工艺。例如，云南阿百腊普洱茶、黄飞鸿品牌的麻辣花生等由特色农产品深加工得到的食品。此类产品的供应链多是以加工企业作为核心组织，但部分农民合作社生产的深加工产品原材料可替代性较弱，这类合作社也可成为供应链核心组织。同时，此类合作社能否成为供应链核心组织，也与农民合作社和加工企业的管理先进性、生产规模、带头人的观念等因素有关。

综上所述，不同的农产品类型、不同的加工方式对应的农产品供应链瓶颈资源所处的位置不同，因此，其对应的农产品供应链核心组织也有所不同，见表2-1。同一条农产品供应链，即使在外部环境、内部因素和核心组织自身素质等因素相同的情况下，也会因为供应链产品类型的差异而导致核心组织不同。所以农产品供应链中的各组织应充分分析并认识所在的供应链特征，合理选择供应链核心组织，对供应链的健康发展具有十分重要的意义。

表2-1 不同农产品类型和加工方式与对应的农产品供应链核心组织

农产品类型	加工方式	在供应链中占据核心地位的组织
非特色农产品	不加工	销售企业
	初加工	销售企业
	深加工	加工企业
特色农产品	不加工	农民合作社或销售企业
	初加工	农民合作社或销售企业
	深加工	农民合作社或加工企业

第五节 以农民合作社为核心组织的农产品供应链结构模型

在以农民合作社为核心组织的农产品供应链中，"五流"是构成的核心要素，分别是指物流、资金流、信息流、商流、技术流。

一、"五流"及其功能

（一）物流

物流是实物的供应和需求之间的流动，是指为了满足目标客户的需求，以较低的成本，通过加工、运输、储存、配送等活动，实现产品由原材料、半成品到成品及它们所包含的实时信息,由制造商到客户所进行的预测、计划、安排、修正和管理的整个过程。农产品供应链的物流以农业产品物为对象,通过对农产品的加工、包装、储存、运输和销售等环节,将农产品送到客户手上,以实现农产品的保值增值的过程。农民合作社可以通过协调物流,确保农产品从生产地有效地运输到消费者手中。

(二) 资金流

资金流是供应链中的重要部分,它涉及资金的转移,以保证供应链的顺利运行。它是指在营销过程中,营销渠道各个成员之间随着产品实物的价值及其所有权的转移而发生的资金流动过程。以农产品为对象,以农产品供应链为核心,执行农产品的生产、加工及销售等过程,农户、农产品收购商、加工商、销售商、消费者之间的资金流动为农产品供应链的资金流。农民合作社可以通过与金融机构的合作,为农产品供应链提供融资支持,帮助农民获得贷款以购买生产资料,并确保资金及时转移给农民。

(三) 信息流

信息流通常是指人们通过各种方式来实现包括信息的收集、传递、处理、储存、分析等渠道和过程的信息交流。在供应链领域,信息流特指供应链中信息的传递。农产品供应链的信息流体现在与供应链上农产品商流、物流、资金流相关信息的交流过程,以实现供应链相关方的资源共享,减少因信息滞后或不足而对农产品流通过程产生的不利影响。农民合作社可以建立公共信息共享平台,收集、整理和发布农产品生产、市场价格、市场需求等信息,帮助农民及时、充分地了解市场需求,进而作出明智的决策。

(四) 商流

商流是指物资由供应商向需求者转移的流动,主要表现为物资与其等价物的交换过程,即商品所有权的转移过程。农产品供应链的商流活动主要包括农产品的买卖交易活动及农产品价格等商情信息活动，农产品供应链的商流活动可以使农产品的商业价值得到体现，并使农产品的所有权效用得到转移。在农民合作社中，农民可以将他们的农产品销售给合作社，合作社再将产品销售给最终消费者，进而完成商流的整合，简化农产品的销售过程。

（五）技术流

技术流也被称为知识流，是指知识在人与人之间流动的过程或新技术在人与人之间传播并发挥作用的机制，可以通过某一时间段内流入和流出系统的知识资源的数量来量化描述。在农产品供应链中，相关企业的产品技术、营销手段、市场和产业状况、竞争者状态、消费者需求和喜好的信息与知识等向企业内部的流通传达以及向企业外部的宣传介绍均是知识流动，通过内部和外部的知识流动激发产生新的知识，以带来更大的价值。例如，现代农业技术和设备的使用，可提高生产效率；通过信息系统和互联网技术，可提高供应链的透明度。农民合作社可以提供技术培训和支持，帮助农民学习新知识，引入新技术，进而提升整个农产品供应链的绩效。

二、基于"五流"的以农民合作社为核心组织的农产品供应链模型

通过这"五流"，以农民合作社为核心组织的农产品供应链可以更好地连接生产者和消费者，提高农产品的流通效率，增加农民的收入。通过"五流"的协同运作，可以构建一个高效、稳定的以农民合作社为核心组织的农产品供应链体系。

基于"五流"的以农民合作社为核心组织的农产品供应链模型如图2-1所示。

在图2-1中，物流的方向是农产品的流通过程，其方向由上游企业经由农户、加工企业、销售企业和下游企业最终到达消费者手中，它是以核心组织为核心的物流，各个节点组织之间会不断进行信息的交换、传输，以期实现如销售信息、库存信息等的共享，因此需要在各个节点组织之间构建计算机网络，再配套速度快、效果好的物流反应系统，这样就可以实现供应链库存的协同管理。

第二章 农民合作社主导的农产品供应链形成机理及结构分析

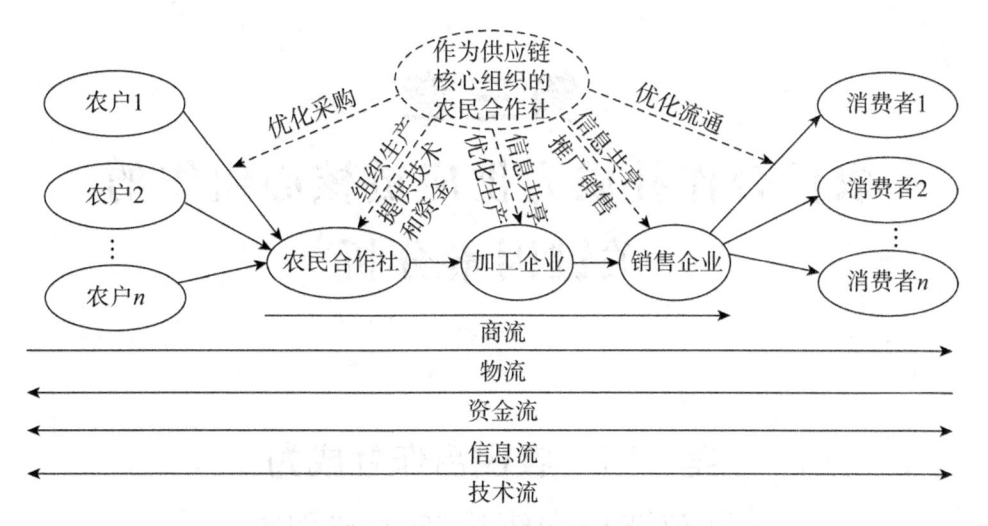

图 2-1 基于"五流"的以农民合作社为核心组织的农产品供应链模型

农产品供应链上的资金运动贯穿整条供应链，不断循环周转，表现为资金的筹集、使用、消耗、回收和分配五个环节。农产品供应链应该建立良好的金融合作关系，增强金融服务创新，才能确保供应链资金正常运转，提高供应链运行效率。

农产品供应链的信息流控制买卖、物品、资金流动的方向、大小和速率，畅通、准确、及时的信息从根本上保证了供应链运行的高质量和高效率。对于像以农民合作社为核心组织的响应型农产品供应链，面对不确定的消费者需求，供应链应该具备及时调整自己的目标、计划和运作方式的能力，以快速响应消费者需求，此时，农产品供应链的信息共享变得十分重要，可以有效减缓牛鞭效应，强化各节点组织的核心竞争力。

第三章 农民合作社成为供应链核心组织的关键因素分析

第一节 农民合作社成为供应链核心组织的关键因素

基于扎根理论分析，本书确定了影响农民合作社成为供应链核心组织的四大因素，具体如下。

一、运营能力

运营能力主要包括规模经营、资金实力、融资能力和信息共享四个范畴。

（一）规模经营

基于土地、劳动、资本和其他生产要素的集中、扩大与组合，农民合作社经过在分工、技术革新、经营改善和社会服务方面的合作获得突出的经济效益。规模经营有助于农民合作社的大型机械作业，减少劳动成本，提高生产收益。研究发现，选取的各家农民合作社种植用地均超过1000亩（约0.667平方千米），部分合作社种植用地更是过万亩（6.67平方千米以上），更适于大型机械的作业，生产效率和收益远高于零散农户。

（二）资金实力

资金实力是农民合作社起步和发展的重要因素，雄厚的资金实力可以维持农民合作社的正常运行，并促进农民合作社更好地发展。

（三）融资能力

融资是指农民合作社资金筹集的行为和过程。融资能力越强的合作社，在自身发展扩张时所能筹集的资金便越多，能使农民合作社得到更快、更好的发展。

（四）信息共享

信息共享是指农户合作社与其合作的企业进行信息交换和分享，由此不仅可以实现资源的合理分配，还可以帮助企业降低生产成本，同时增加经济收益。农民合作社需要与供应链节点组织进行有效的信息共享和沟通，有利于农民合作社了解市场需求，并根据节点组织的信息反馈对产品作出改进。例如，昆丰大豆专业合作社经常与其销售商进行沟通，了解销售情况，并根据客户的差评反馈对自家产品进行优化。

二、管理能力

管理能力主要包括人员素质、员工培训、规范管理、组织结构和发展型领导五个范畴。

（一）人员素质

人员素质决定了农民合作社发展的上限，具有优秀素质的员工团队会拓宽农民合作社的发展范围。现在我国一部分农民合作社的主要领导者的文化素养和管理素养仍有待提高，如果缺乏较高的文化素养与先进的思想理念会使其合作社在供应链中只能作为生产商，而难以承担供应链核心组织的责任与义务。

（二）员工培训

培训员工的方式，可以提高农民合作社整体成员的专业素养，使员工不断地更新知识、开拓技能，从而促使农民合作社效率的提高和经营目标的实现。

（三）规范管理

规范管理是指建立和完善科学的农民专业合作社的管理制度。规范管理将增加农民合作社的运作效率，明确合作社的发展方向，树立良好的合作社形象，增加合作社的竞争力。

（四）组织结构

组织结构是指对农民合作社的工作任务如何进行分工、分组和协调合作。农民合作社的管理者在进行组织结构设计时，必须正确考虑工作专业化、部门化、命令链、控制跨度、集权与分权、正规化六个关键因素。合理的组织结构有利于提高农民合作社的工作效率和生产效益。

（五）发展型领导

不管原有的基础素质高或低，能够制定长远的规划、领导农民合作社发展的人才是不能缺少的，优秀的、有能力的领导是农民合作社不断向前发展的中坚力量。

三、合作能力

合作能力主要包括企业信誉、合作意识、合作意愿和履约能力四个范畴。

（一）企业信誉

企业信誉不仅是合作社与供应链节点组织合作沟通的桥梁，也是企业生存和发展的基石。如A合作社与B合作社都是以高质量产品打开市场，赢得良好的口碑，从而树立良好的农民合作社形象，不断赢得新的发展机遇，增强组织凝聚力。

（二）合作意识

积极、先进的合作意识可以使得农民合作社与供应链节点组织在合作中寻求新的发展和机遇，并且具备良好的合作意识可以提升农民合作社在合作中的主导地位，成为供应链中的核心组织。

（三）合作意愿

农民合作社与供应链节点组织是否有强烈的合作意愿将影响相互之间的合作关系是否紧密，强烈的合作意愿可以使农民合作社与节点组织紧密地结合在一起，促进供应链和合作双方共同进步与发展，创造更加优质的农产品，实现经济效益的增长。

（四）履约能力

履约能力是农民合作社与供应链节点组织合作的信任基础。缺乏履约能力，无论是对于农民合作社，还是对于供应链的节点组织，都将影响合作双方的关系，从而影响农产品供应链整体的经济效益。因此，良好的履约能力是选择合作伙伴时的重要因素。

四、生产能力

生产能力主要包括产品适应性、自主品牌、产品质量和地理环境四个范畴。

（一）产品适应性

农民合作社生产农产品的质量和价格能否符合人民群众的消费范畴，将对合作社的经济效益产生最直观的影响。拥有自主品牌的农产品在销售价格上无疑会更高，合理定价，能在匹配消费者购买力的同时，获得更多的利润。不同的农产品类型面对的消费人群也有差别，如水稻、小麦和高蛋白豆浆豆，前两者加工成的大米和白面为日常生活所需，消费群体广泛，而后者制成的高蛋白豆浆销售面则相对较小。

（二）自主品牌

自主品牌是指农民合作社独立开发的，具备自主知识产权的品牌。例如，昆丰大豆专业合作社的金永昌、仁发农业农机专业合作社的绿色庄园和昆仑大豆专业合作社的昆仑大豆等，都是合作社所研发的自主品牌。农民合作社的自主品牌具有很强的地域特色，代表着合作社的主体形象，有助于在市场上树立产品形象，创造品牌效应，从而拉动和放大市场。成功构建农产品品牌可在农民合作社与消费者之间建立信用机制。自主品牌有助于稳固消费群体，易于取得消费者信赖，形成市场竞争优势。拥有自主品牌的合作社将在与供应链下游企业的合作中占据主导位置，成为供应链的核心组织。

（三）产品质量

从访谈资料中可以看出，各家农民合作社对于自家产品的质量均有严格的要求，如昆丰大豆专业合作社所生产的有机蛋白豆蛋白质含量高达42%。农民合作社作为生产商，如果对产品质量不严格把关，将不合格的产品投入市场，损害消费者的利益，那么合作社的形象将会受到严重影响，甚至导致产品滞销，进而对农产品整条农产品供应链的成员产生影响。

（四）地理环境

地理环境包括气候、地形、土壤、水文、植被、矿产资源等方面。例如，气候对农业的影响包括热量、光照、水分；不同的地形适合不同的作物生长；土壤作为农作物生长的物质基础，不同种类的土壤适宜不同农作物生长，而肥沃的土地所种植出来的农作物产量和质量都会高于贫瘠的土地。

综上所述，通过扎根理论分析，构建了农民合作社成为供应链核心组织的理论分析框架，农民合作社成为供应链核心组织的影响因素主要分布在运营能力、管理能力、合作能力和生产能力四个核心范畴。

第二节　农民合作社成为供应链核心组织的关键因素识别

一、农民合作社成为供应链核心组织的因素选择指标体系构建

想要对农民合作社成为供应链核心组织的因素进行模糊综合评价，需要先确定各个因素的重要性，以保证评价结果的可靠性与合理性。表3-1为本书构建的农民合作社成为供应链核心组织的因素选择指标体系。

表3-1　农民合作社成为供应链核心组织的因素选择指标体系

目标	一级指标	二级指标
A 农民合作社成为供应链核心组织的因素	B_1 运营能力	C_1 规模经营
		C_2 资金实力
		C_3 融资能力
		C_4 信息共享
	B_2 管理能力	C_5 人员素质
		C_6 员工培训
		C_7 规范管理
		C_8 组织结构
		C_9 发展型领导
	B_3 合作能力	C_{10} 企业信誉
		C_{11} 合作意识
		C_{12} 合作意愿
		C_{13} 履约能力
	B_4 生产能力	C_{14} 产品适应性
		C_{15} 自主品牌
		C_{16} 产品质量
		C_{17} 地理环境

二、指标权重计算

（一）一级指标权重计算

本书在黑龙江省范围内对多家合作社进行实地调研，首先，选取供应链管理领域专家、农民合作社理事长等产业人士进行打分，发放问卷13份，有效收取12份专家调查问卷，打分表见附录1（附表1-1至附表1-6）；其次，对问卷中数据进行取平均值处理，运用层次分析法构建一级指标判断矩阵，从上到下逐层确定因素间两两比较相对重要性的比值，构成综合判断矩阵，见表3-2。

表3-2 一级指标判断矩阵

A	B_1	B_2	B_3	B_4
B_1	1	5	3	1
B_2	1/5	1	1/3	1/5
B_3	1/3	3	1	1/3
B_4	1	5	3	1

根据本书第一章第二节所述方法（沿用所有变量及其含义，下文同）计算得到一级指标权重见表3-3。

表3-3 一级指标权重

A	B_1	B_2	B_3	B_4	M_{B_i}	$\overline{W}_{B_i}$	W_{B_i}
B_1	1	5	3	1	15	1.9680	0.3908
B_2	1/5	1	1/3	1/5	0.0133	0.3398	0.0675
B_3	1/3	3	1	1/3	0.3333	0.7598	0.1509
B_4	1	5	3	1	15	1.9680	0.3908
求和						5.0356	

其中：$\lambda_{max} = 4.0434$，$C \cdot I = 0.014$，$C \cdot R = 0.016 < 0.1$。

由表3-3可知，一级指标的权重排序为运营能力、生产能力、合作能力、管理能力。可见，合作社自身的运营能力和生产能力对农民合作社成为农产品供应链核心组织有重要影响作用。

（二）二级指标权重计算

采用上述相同的方法，相对每个一级指标构建二级指标的判断矩阵，计算最大特征值 λ_{max}，即可求得相对一级指标，每个二级指标的权重。

1. 运营能力所含二级指标权重计算

运营能力（B_1）包含 4 个二级指标，其权重计算结果见表 3-4。

表 3-4 运营能力下的二级指标权重

B_1	C_1	C_2	C_3	C_4	M_{C_i}	$\overline{W}_{C_i}$	W_{C_i}
C_1	1	1	5	5	25.0000	2.2361	0.4524
C_2	1	1	3	3	9.0000	1.7321	0.3504
C_3	1/5	1/3	1	1/3	0.0222	0.3861	0.0781
C_4	1/5	1/5	3	1	0.1200	0.5886	0.1191
求和						4.9428	

其中：$\lambda_{max} = 4.1028$，$C \cdot I = 0.034$，$C \cdot R = 0.038 < 0.1$。

2. 管理能力所含二级指标权重计算

管理能力（B_2）包含 5 个二级指标，其权重计算结果见表 3-5。

表 3-5 管理能力下的二级指标权重

B_2	C_5	C_6	C_7	C_8	C_9	M_{C_i}	$\overline{W}_{C_i}$	W_{C_i}
C_5	1	5	1/3	3	1/3	1.6667	1.1076	0.1747
C_6	1/5	1	1/5	1/3	1/5	0.0027	0.3056	0.0482
C_7	3	5	1	3	1	45.0000	2.1411	0.3377
C_8	1/3	3	1/3	1	1/3	0.1111	0.6444	0.1016
C_9	3	5	1	3	1	45.0000	2.1411	0.3377
求和							6.3398	

其中：$\lambda_{max} = 5.2383$，$C \cdot I = 0.059$，$C \cdot R = 0.053 < 0.1$。

3. 合作能力所含二级指标权重计算

合作能力（B_3）包含 4 个二级指标，其权重计算结果见表 3-6。

表 3-6 合作能力下的二级指标权重

B_3	C_{10}	C_{11}	C_{12}	C_{13}	M_{C_3}	$\overline{W}_{C_3}$	W_{C_3}
C_{10}	1	3	5	3	45.0000	2.5900	0.4995
C_{11}	1/3	1	3	1/3	0.3333	0.7598	0.1465
C_{12}	1/5	1/3	1	1/5	0.0133	0.3398	0.0655
C_{13}	1/3	3	5	1	5.0000	1.4953	0.28840
求和						5.1850	

其中：$\lambda_{\max} = 4.1975$，$C \cdot I = 0.065$，$C \cdot R = 0.073 < 0.1$。

4. 生产能力所含二级指标权重计算

生产能力（B_4）包含 4 个二级指标，其权重计算结果见表 3-7。

表 3-7 生产能力下的二级指标权重

B_4	C_{14}	C_{15}	C_{16}	C_{17}	M_{C_4}	$\overline{W}_{C_4}$	W_{C_4}
C_{14}	1	1/3	1/5	3	0.2000	0.6687	0.1259
C_{15}	3.0000	1	1/5	3	3.0000	1.3161	0.24767
C_{16}	5	3	1	5	75.0000	2.9428	0.5538
C_{17}	1/3	1/3	1/5	1	0.0222	0.3861	0.0727
求和						5.3137	

其中：$\lambda_{\max} = 4.1975$，$C \cdot I = 0.065$，$C \cdot R = 0.073 < 0.1$。

（三）指标综合权重计算

根据表 3-3 至表 3-7，计算得到综合权重计算结果见表 3-8。

表 3-8 指标综合权重

一级指标	综合权重	二级指标	权重
运营能力	0.3908	规模经营	0.1768
		资金实力	0.1369
		融资能力	0.0305
		信息共享	0.0465

续表

一级指标	综合权重	二级指标	权重
管理能力	0.0675	人员素质	0.0118
		员工培训	0.0033
		规模管理	0.0228
		组织结构	0.0069
		发展型领导	0.0228
合作能力	0.1509	企业信誉	0.0754
		合作意识	0.0221
		合作意愿	0.0099
		履约能力	0.0435
生产能力	0.3908	产品适应性	0.0492
		自主品牌	0.0968
		产品质量	0.2164
		地理环境	0.0284

三、模糊综合评价确定关键因素

（一）设置评价等级

设农民合作社成为供应链核心组织的影响因素评价等级 $E=$ （影响大，影响较大，影响一般，影响较小，影响小），各等级含义见表3-9。

表3-9 农民合作社成为供应链核心组织的影响因素评价等级含义

评价等级	含义
影响大	主导农民合作社的发展，有可能使合作社成为供应链核心组织
影响较大	参与主导农民合作社的发展，促进合作社成为供应链核心组织
影响一般	对农民合作社的发展有促进作用，对合作社成为供应链核心组织的作用较小
影响较小	对农民合作社的发展有轻微的促进作用
影响小	维持农民合作社的基本发展

(二) 影响因素指标隶属度确定

设农民合作社成为供应链核心组织的影响因素集为 $X = \{x_1, x_2, \cdots, x_m\}$，评价等级集为 $E = \{e_1, e_2, \cdots, e_p\}$，则隶属度矩阵 R 为：

$$R = (r_{gh})_{m \times p} = \begin{bmatrix} r_{11} & r_{12} & \cdots & r_{1p} \\ r_{21} & r_{22} & \cdots & r_{2p} \\ \vdots & \vdots & \vdots & \vdots \\ r_{m1} & r_{m2} & \cdots & r_{mp} \end{bmatrix} \quad (3-1)$$

式中：r_{gh}——第 g 个影响因素隶属于第 h 个评价等级的隶属度（$g=1, 2, \cdots, m$；$h=1, 2, \cdots, p$）；

m——影响因素数（$m=17$）；

p——评价等级数（$p=5$）。

本书所作研究设定影响因素指标层均为定性指标，采用专家评分法邀请20位专家对各指标进行打分，具体打分表内容见附录2（附表2-1）。例如，对于"规模经营"这一影响因素，有80%的专家认为该因素对农民合作社成为供应链核心组织影响大，20%的专家认为影响较大，那么规模经营对应各评价等级隶属度为{0.8 0.2 0 0 0}，整理数据得到各二级指标模糊综合评价隶属度，见表3-10。

表3-10 二级指标模糊综合评价隶属度

一级指标	二级指标	影响大	影响较大	影响一般	影响较小	影响小
运营能力	规模经营	0.8	0.2	0	0	0
	资金实力	0.8	0.2	0	0	0
	融资能力	0.2	0.4	0.4	0	0
	信息共享	0.2	0.6	0.2	0	0
管理能力	人员素质	0.2	0.6	0.2	0	0
	员工培训	0	0.2	0.4	0.2	0.2
	规范管理	0.2	0.6	0.2	0	0
	组织结构	0	0.2	0.4	0.2	0.2
	发展型领导	0.8	0.2	0	0	0

续表

一级指标	二级指标	影响大	影响较大	影响一般	影响较小	影响小
合作能力	企业信誉	0.6	0.4	0	0	0
	合作意识	0.4	0.6	0	0	0
	合作意愿	0.2	0.2	0.4	0.2	0
	履约能力	0.4	0.2	0.4	0	0
生产能力	产品适应性	0.4	0.2	0.2	0.2	0
	自主品牌	0.8	0.2	0	0	0
	产品质量	1	0	0	0	0
	地理环境	0.2	0.4	0.4	0	0

（三）模糊综合评价模型及计算

农民合作社成为供应链核心组织的影响因素模糊综合评价模型为：

$$D = W_{ik} \circ R \tag{3-2}$$

式中：D——某一影响因素的综合隶属度；

W_{ik}——影响因素的权重向量；

$\circ$——模糊算子。

研究采用加权平均型算子，其特点为充分利用隶属度矩阵信息，体现权重作用明显和综合性强。

1. 二级指标的综合隶属度计算

以"规模经营"为例：

$$D_{C_1} = W_{C_1} \times R_{C_1} = 0.1768 \times \{0.8 \quad 0.2 \quad 0 \quad 0 \quad 0\}$$
$$= \{0.1414 \quad 0.0354 \quad 0 \quad 0 \quad 0\}$$

式中：W_{C_1}——指标的总权重；

R_{C_1}——指标 C_1 的隶属度矩阵。

同理，其他二级指标综合隶属度均由式（3-2）计算得出。

2. "影响大"评价等级隶属度计算

以"运营能力"为例：

$$d_{1C_1} = W_{C_1} \times R_{C_1} + W_{C_2} \times R_{C_2} + W_{C_3} \times R_{C_3} + W_{C_4} \times R_{C_4}$$
$$= 0.1768 \times 0.8 + 0.1369 \times 0.8 + 0.0305 \times 0.2 + 0.0465 \times 0.2$$
$$= 0.2664$$

式中：d_{1C_1}——运营能力的"影响大"评级隶属度；

R_{C_i}——运营能力对应二级指标的"影响大"评级的隶属度。

同理，其他二级指标的各评价等级隶属度可计算得出。

运用公式计算得到一级指标模糊综合评价结果见表3-11。

表3-11 一级指标模糊综合评价结果

一级指标	影响大	影响较大	影响一般	影响较小	影响小	评价等级
运营能力	0.2664	0.1029	0.0215	0	0	影响大
管理能力	0.0251	0.0273	0.011	0.002	0.002	影响大
合作能力	0.0735	0.0541	0.0214	0.002	0	影响大
生产能力	0.3192	0.0406	0.0212	0.0098	0	影响大

（四）模糊综合评价结果分析

根据表3-11的评价结果可以得出，由于主范畴模糊综合评价结果都为"影响大"，而合作社自身的生产能力和运营能力权重较高，所以生产能力和运营能力对农民合作社成为供应链核心组织影响最大，合作能力其次，管理能力最小，最终评价结果见表3-12。

表3-12 模糊综合评价最终评价结果

一级指标	最大隶属度	评价等级	二级指标	综合最大隶属度	评价等级
运营能力	0.2664	影响大	规模经营	0.1414	影响大
			资金实力	0.1096	影响大
			融资能力	0.0122	影响较大
			信息共享	0.0279	影响较大
管理能力	0.0273	影响大	人员素质	0.0071	影响较大
			员工培训	0.0013	影响一般
			规范管理	0.0136	影响较大
			组织结构	0.0027	影响一般
			发展型领导	0.0182	影响大

第三章 农民合作社成为供应链核心组织的关键因素分析

续表

一级指标	最大隶属度	评价等级	二级指标	综合最大隶属度	评价等级
合作能力	0.0735	影响大	企业信誉	0.0452	影响大
			合作意识	0.0132	影响较大
			合作意愿	0.0039	影响一般
			履约能力	0.0174	影响大
生产能力	0.3192	影响大	产品适应性	0.0197	影响大
			自主品牌	0.0774	影响大
			产品质量	0.2164	影响大
			地理环境	0.0113	影响较大

综上可知，规模经营、资金实力、发展型领导、企业信誉、履约能力、产品适应性、自主品牌和产品质量是农民合作社成为供应链核心组织的关键因素，其中产品质量、规模经营和资金实力更是重中之重，因此，农民合作社要想成为核心组织首先应有足够的资金支持，实现规模经营，同时保证产品质量；融资能力、信息共享、规范管理、合作意识和地理环境均能促进农民合作社成为供应链核心组织；员工培训、组织结构和合作意愿对农民合作社成为供应链的核心组织有相对较小的促进作用。

第四章
以农民合作社为核心组织的供应链合作伙伴选择

农民合作社作为新型农业生产经营主体,近年来发展迅速,同时由于消费者逐渐追求绿色食品,农民合作社开始种植一些特色农产品来满足消费者需求并逐渐壮大农民合作社。但是由于农民合作社主营业务为农产品,在农产品后期的加工和销售方面缺少相关经验与资源,所以这就要求农民合作社要与相当规模的有技术、销售渠道的加工企业和销售企业合作形成农产品供应链,这样可以很好地满足并实现普通农产品经过生产—加工—销售这一过程到特色农产品的转变,农民合作社作为供应链的核心组织,需要选取合适的加工企业、销售企业作为合作伙伴来促进供应链整体的发展。

第一节 供应链合作伙伴选择指标体系的构建原则

一、全面性与层次性原则

构建供应链合作伙伴选择指标体系的目的是更加系统性地分析合作伙伴的综合能力,因此在选择指标体系时要综合考虑指标的全面性以及准确性,尽量做到评价信息的充分性。在建立指标体系时要尽可能地体现出指标的层次性,指标与指标之间要求能够有序组合并相互关联,这样组成的一个指标体系整体上层次分明,分指标与总目标的逻辑关系清晰可见。

二、易获取原则

在建立选择指标体系时,往往容易忽视指标的可获得性,因此指标不仅要科学合理，还要在实际操作过程中容易获取，具有可靠的数据来源，易于收集，不可过于依赖定性数据，如专家打分法得到的数据主观性较强，反映在最终的评价结果中是会对真实评价结果产生一定影响的。在这一原则下，除少数特殊指标外，大部分指标数据能够有明确的出处或可由多途径获得，否则指标体系将被应用范围限制，评价的准确性将会受影响。

三、独立性原则

供应链合作伙伴选择指标要尽可能避免出现或筛选重复项，这就需要在设置指标时，对各项的定义要清晰明确，能放进选择指标体系的指标要相互独立无从属关联，信息不重叠、冲突，以减少供应商评价时重复评价的现象。

四、针对性原则

不同行业的供应链合作伙伴在不同的供应链阶段会表现出不一样的特征，行业性特征也相对明显，不具有很高的可比性，因此在构建指标体系时，要慎重考虑行业特性，筛选出具有一定针对性的选择指标体系。

第二节 供应链加工企业合作伙伴选择指标体系构建

一、加工企业合作伙伴选择指标集初建

选择指标体系的选择途径主要是文献分析和问卷调查。本书查阅有关合作伙伴选择的相关文献及著作，参考已有研究文献及著作中对检索的文献成果进行整理分析，提取其中有关的合作伙伴选择指标见表4-1。

表4-1 相关文献合作伙伴选择指标

序号	学者	指标													
		资金实力	合作意愿	信息共享	质量保证	外部环境	技术能力	管理文化	行业口碑	服务范围	交货期	柔性加工	设备水平	创新能力	产品合格
1	舒宵虹	√		√	√		√			√	√	√		√	√
2	刘伯超	√	√	√	√	√	√	√	√		√	√			
3	吴大勇	√	√	√	√	√	√	√	√						
4	李瑜	√	√	√	√	√	√	√				√			√
5	余保华	√			√		√				√	√			
6	陈育花													√	
7	成果	√		√	√	√	√					√			
8	许强	√		√	√		√				√				
9	李奎刚	√			√										√
10	张哲远	√		√	√			√							√
11	陶云				√	√									
12	刘依	√	√	√	√										

本书通过问卷调查了解农民合作社对选择合作伙伴时主要考虑的因素及各因素间的相对重要性,结合文献整理结果最终将加工企业合作伙伴选择指标整理汇总为表4-2。

表4-2 加工企业合作伙伴选择指标体系

一级指标	二级指标	三级指标
内部运营维度 B_1	财务能力 C_1	资金实力 D_1
		融资能力 D_2
		资金周转能力 D_3
	管理能力 C_2	企业管理规范性 D_4
		组织结构合理性 D_5
		信息共享水平 D_6
		库存控制水平 D_7
		员工凝聚力 D_8
	加工能力 C_3	加工周期 D_9
		自动化水平 D_{10}
		信息化投入水平 D_{11}
		技术领先度 D_{12}
	产品质量 C_4	质量保证体系 D_{13}
		产品合格率 D_{14}

续表

一级指标	二级指标	三级指标
外部环境维度 B_2	自然环境 C_5	地理环境 D_{15}
		资源环境 D_{16}
	政治环境 C_6	法律环境 D_{17}
		政策环境 D_{18}
合作维度 B_3	市场影响能力 C_7	市场认可度 D_{19}
		市场占有率 D_{20}
	企业信誉 C_8	履约能力 D_{21}
		合作意愿 D_{22}
		行业口碑 D_{23}
	服务能力 C_9	服务范围 D_{24}
		交货期 D_{25}
		柔性加工能力 D_{26}
学习与成长 B_4	员工成长 C_{10}	员工平均受教育水平 D_{27}
		员工培训次数 D_{28}
	绿色发展能力 C_{11}	绿色生产能力 D_{29}
		清洁能源利用率 D_{30}
		环保投入水平 D_{31}
	创新能力 C_{12}	新产品研发能力 D_{32}
		新产品研发投入 D_{33}

二、加工企业合作伙伴选择指标筛选

本书采用层次分析法对加工企业合作伙伴选择指标进行优化，经过实地调研、专家打分环节，发放问卷15份，有效收取15份专家调查问卷。调查问卷及专家打分处理结果见附录3、附录4。对问卷获取的数据进行处理，从一级指标到三级指标一层层地确定指标和指标相互比较重要性的比值，构建出的一级指标判断矩阵见表4-3。

表 4-3　加工企业合作伙伴选择一级指标判断矩阵

A	B_1	B_2	B_3	B_4
B_1	1	5	1	3
B_2	1/5	1	1/5	1/3
B_3	1	5	1	3
B_4	1/3	3	1/3	1

由式（1-2）至式（1-4）计算得到加工企业合作伙伴选择一级指标权重，见表4-4。

表 4-4　加工企业合作伙伴选择一级指标权重

A	B_1	B_2	B_3	B_4	M_{B_i}	$\overline{W}_{B_i}$	W_{B_i}
B_1	1	5	1	3	15	1.9680	0.3908
B_2	1/5	1	1/5	1/3	0.3333	0.3398	0.0675
B_3	1	5	1	3	15	1.9680	0.3908
B_4	1/3	3	1/3	1	0.0133	0.7598	0.1509
求和						5.0356	

其中：$\lambda_{max} = 4.043381401$，$C \cdot I = 0.014$，$C \cdot R = 0.016 < 0.1$。

采用上述相同的方法，相对每个一级指标构建二级指标的判断矩阵，对每一个二级指标构建三级指标的判断矩阵，由式（1-2）至式（1-4）计算其最大特征值 λ_{max}，即可求得相对一级指标每个二级指标的权重，相对二级指标每个三级指标的权重，最终求得各级指标权重，见表4-5。

表 4-5　加工企业合作伙伴选择级指标权重

一级指标	权重	二级指标	权重	三级指标	权重
内部运营维度	0.3908	财务能力	0.6370	资金实力	0.6370
				融资能力	0.1047
				资金周转能力	0.2583
		管理能力	0.0776	企业管理规范性	0.1230
				组织结构合理性	0.0537
				信息共享水平	0.2594
				库存控制水平	0.5101
				员工凝聚力	0.0537

续表

一级指标	权重	二级指标	权重	三级指标	权重
内部运营维度	0.3908	加工能力	0.5205	加工周期	0.5127
				自动化水平	0.2605
				信息化投入水平	0.1504
				技术领先度	0.0764
		产品质量	0.2010	质量保证体系	0.7500
				产品合格率	0.2500
外部环境维度	0.0675	自然环境	0.7500	地理环境	0.7500
				资源环境	0.2500
		政治环境	0.2500	法律环境	0.7500
				政策环境	0.2500
合作维度	0.3908	市场影响能力	0.1047	市场认可度	0.7500
				市场占有率	0.2500
		企业信誉	0.6370	履约能力	0.6370
				合作意愿	0.1047
				行业口碑	0.2583
		服务能力	0.2583	服务范围	0.6370
				交货期	0.2583
				柔性加工能力	0.1047
学习与成长	0.1509	员工成长	0.1047	员工平均受教育水平	0.7500
				员工培训次数	0.2500
		绿色发展能力	0.6370	绿色生产能力	0.6370
				清洁能源利用率	0.1047
				环保投入水平	0.2583
		创新能力	0.2583	新产品研发能力	0.7500
				新产品研发投入	0.2500

运用式（1-5）至式（1-8）可计算得到加工企业合作伙伴选择指标综合权重，见表4-6。综合权重值小于0.01的指标将被筛选淘汰。

表4-6 加工企业合作伙伴选择指标综合权重

指标	综合权重	指标	综合权重
资金实力	0.0500	政策环境	0.0042
融资能力	0.0082	市场认可度	0.0307
资金周转能力	0.0203	市场占有率	0.0102

续表

指标	综合权重	指标	综合权重
企业管理规范性	0.0037	履约能力	0.1586
组织结构合理性	0.0016	合作意愿	0.0261
信息共享水平	0.0079	行业口碑	0.0643
库存控制水平	0.0155	服务范围	0.0643
员工凝聚力	0.0016	交货期	0.0261
加工周期	0.1043	柔性加工能力	0.0106
自动化水平	0.0530	员工平均受教育水平	0.0119
信息化投入水平	0.0306	员工培训次数	0.0040
技术领先度	0.0155	绿色生产能力	0.0612
质量保证体系	0.0589	清洁能源利用率	0.0101
产品合格率	0.0196	环保投入水平	0.0248
地理环境	0.0380	新产品研发能力	0.0292
资源环境	0.0127	新产品研发投入	0.0097
法律环境	0.0127		

筛选指标后加工企业合作伙伴选择指标体系如图 4-1 所示。

第四章　以农民合作社为核心组织的供应链合作伙伴选择

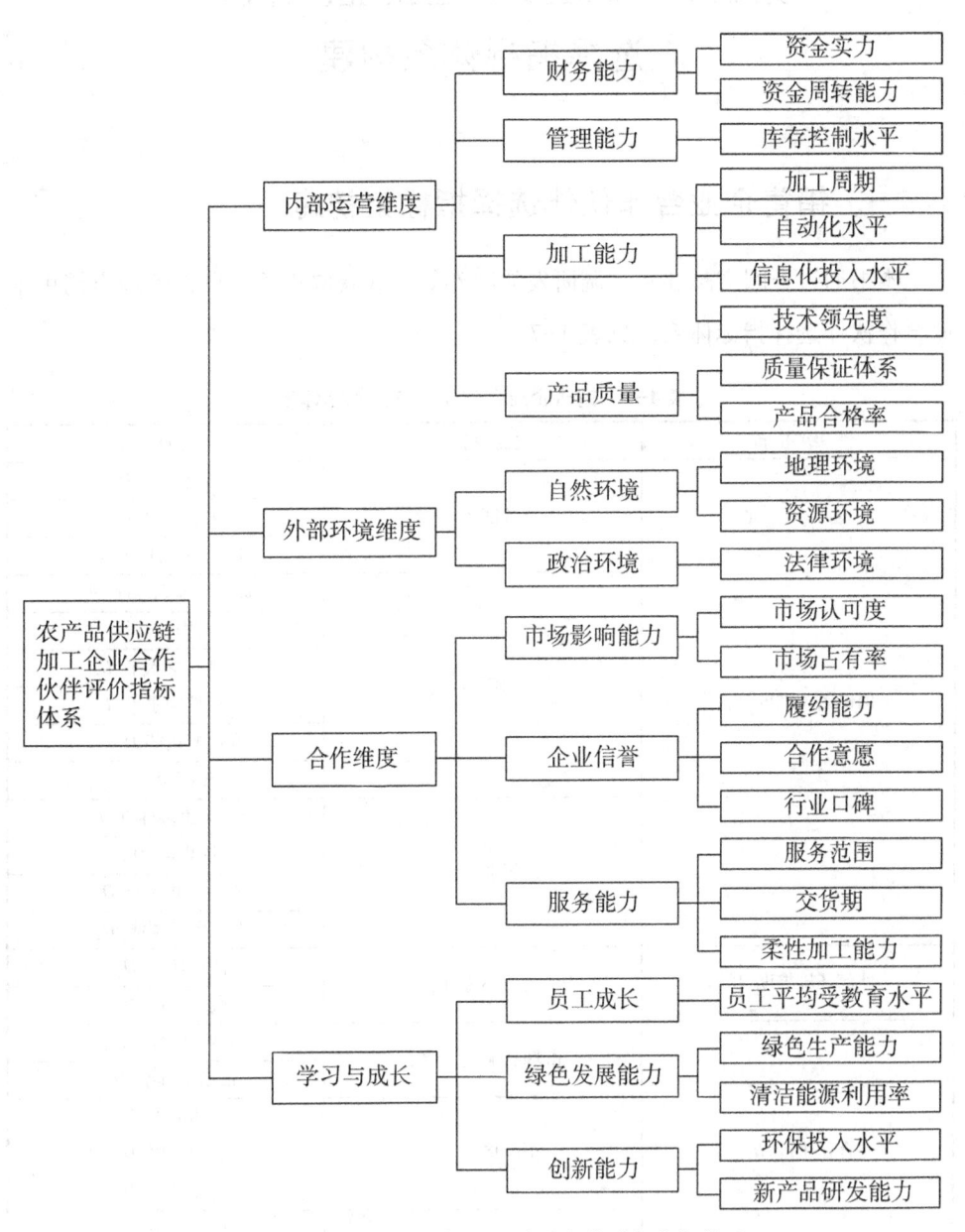

```
农产品供应链加工企业合作伙伴评价指标体系
├── 内部运营维度
│   ├── 财务能力
│   │   ├── 资金实力
│   │   └── 资金周转能力
│   ├── 管理能力
│   │   └── 库存控制水平
│   ├── 加工能力
│   │   ├── 加工周期
│   │   ├── 自动化水平
│   │   ├── 信息化投入水平
│   │   └── 技术领先度
│   └── 产品质量
│       ├── 质量保证体系
│       └── 产品合格率
├── 外部环境维度
│   ├── 自然环境
│   │   ├── 地理环境
│   │   └── 资源环境
│   └── 政治环境
│       └── 法律环境
├── 合作维度
│   ├── 市场影响能力
│   │   ├── 市场认可度
│   │   └── 市场占有率
│   ├── 企业信誉
│   │   ├── 履约能力
│   │   ├── 合作意愿
│   │   └── 行业口碑
│   └── 服务能力
│       ├── 服务范围
│       ├── 交货期
│       └── 柔性加工能力
└── 学习与成长
    ├── 员工成长
    │   └── 员工平均受教育水平
    ├── 绿色发展能力
    │   ├── 绿色生产能力
    │   └── 清洁能源利用率
    └── 创新能力
        ├── 环保投入水平
        └── 新产品研发能力
```

图 4-1　筛选指标后加工企业合作伙伴选择指标体系

第三节 供应链销售企业合作伙伴选择指标体系构建

一、销售企业合作伙伴选择指标集初建

本书通过查阅文献和实际调研发放问卷等方式获取相关信息，整理出销售企业合作伙伴选择指标体系，见表4-7。

表4-7 销售企业合作伙伴选择指标体系

一级指标	二级指标	三级指标
内部运营维度 B_1	财务能力 C_1	资金实力 D_1
		融资能力 D_2
		资金周转能力 D_3
	管理能力 C_2	企业管理规范性 D_4
		组织结构合理性 D_5
		信息共享水平 D_6
		库存控制水平 D_7
		仓储配送能力 D_8
		员工凝聚力 D_9
	销售能力 C_3	分销渠道多样性 D_{10}
		销售额 D_{11}
		客户需求反馈 D_{12}
		客户需求预测 D_{13}
外部环境维度 B_2	政治环境 C_4	法律环境 D_{14}
		政策环境 D_{15}
合作维度 B_3	市场影响能力 C_5	企业知名度 D_{16}
		市场占有率 D_{17}
	企业信誉 C_6	履约能力 D_{18}
		合作意愿 D_{19}
		行业口碑 D_{20}
	服务能力 C_7	服务范围 D_{21}
		客户满意度 D_{22}

续表

一级指标	二级指标	三级指标
学习与成长 B_4	员工成长 C_8	员工平均受教育水平 D_{23}
		员工培训次数 D_{24}
	创新能力 C_9	销售模式创新 D_{25}
		销售策略创新 D_{26}

二、销售企业合作伙伴选择指标筛选

研究采用层次分析法对销售企业合作伙伴选择指标进行优化，经过实地调研、专家打分环节，发放问卷15份，有效收取15份专家调查问卷，调查问卷及专家打分处理结果见附录5、附录6，对问卷获取的数据进行处理，从一级指标到三级指标一层层地确定指标和指标相互比较重要性的比值，首先构建一级指标判断矩阵，见表4-8。

表4-8 销售企业合作伙伴选择一级指标判断矩阵

A	B_1	B_2	B_3	B_4
B_1	1	5	1	3
B_2	1/5	1	1/5	1/3
B_3	1	5	1	3
B_4	1/3	3	1/3	1

由式（1-2）至式（1-4）计算得到销售企业合作伙伴选择一级指标权重，见表4-9。

表4-9 销售企业合作伙伴选择一级指标权重

A	B_1	B_2	B_3	B_4	M_{B_i}	$\overline{W}_{B_i}$	W_{B_i}
B_1	1	5	1	3	15	1.9680	0.3908
B_2	1/5	1	1/5	1/3	0.0133	0.3398	0.0675
B_3	1	5	1	3	15	1.9680	0.3908
B_4	1/3	3	1/3	1	0.3333	0.7598	0.1509
求和						5.0356	

其中：$\lambda_{max} = 4.0434$，$C \cdot I = 0.014$，$C \cdot R = 0.016 < 0.1$。

采用上述相同的方法，相对每个一级指标构建二级指标的判断矩阵、对每一个二级指标构建三级指标的判断矩阵，由式（1-2）至式（1-4）计算其最大特征值 λ_{max}，即可求得相对一级指标每个二级指标的权重，相对二级指标每个三级指标的权重，最终求得各级指标权重，见表4-10。

表4-10 销售企业合作伙伴选择各级指标权重

一级指标	权重	二级指标	权重	三级指标	权重
内部运营维度	0.3908	财务能力	0.2583	资金实力	0.6370
				融资能力	0.1047
				资金周转能力	0.2583
		管理能力	0.1047	企业管理规范性	0.0785
				组织结构合理性	0.0372
				信息共享水平	0.1591
				库存控制水平	0.3358
				仓储配送能力	0.3358
				员工凝聚力	0.0537
		销售能力	0.6370	分销渠道多样性	0.2634
				销售额	0.5638
				客户需求预测	0.1178
				客户需求反馈	0.0550
外部环境维度	0.0675	政治环境	1	法律环境	0.7500
				政策环境	0.2500
合作维度	0.3908	市场影响能力	0.1047	企业知名度	0.2500
				市场占有率	0.7500
		企业信誉	0.6370	履约能力	0.6370
				合作意愿	0.1047
				行业口碑	0.2583
		服务能力	0.2583	服务范围	0.2500
				客户满意度	0.7500
学习与成长	0.1509	员工成长	0.2500	员工平均受教育水平	0.7500
				员工培训次数	0.2500
		创新能力	0.7500	销售模式创新	0.7500
				销售策略创新	0.2500

运用式（1-5）至式（1-8）可计算得到销售企业合作伙伴选择指标体系综合权重，见表4-11，综合权重值小于0.01的指标将被筛选淘汰。

表 4-11 销售企业合作伙伴选择指标体系综合权重

指标	综合权重	指标	综合权重
资金实力	0.0643	法律环境	0.0506
融资能力	0.0106	政策环境	0.0169
资金周转能力	0.0261	企业知名度	0.0102
企业管理规范性	0.0032	市场占有率	0.0307
组织结构合理性	0.0015	履约能力	0.1586
信息共享水平	0.0065	合作意愿	0.0261
库存控制水平	0.0137	行业口碑	0.0643
仓储配送能力	0.0137	服务范围	0.0252
员工凝聚力	0.0022	顾客满意度	0.0757
分销渠道多样性	0.0656	员工平均受教育水平	0.0283
销售额	0.1404	员工培训次数	0.0094
客户需求预测	0.0293	销售模式创新	0.0849
客户需求反馈	0.0137	销售策略创新	0.0283

筛选指标后销售企业合作伙伴选择指标体系如图 4-2 所示。

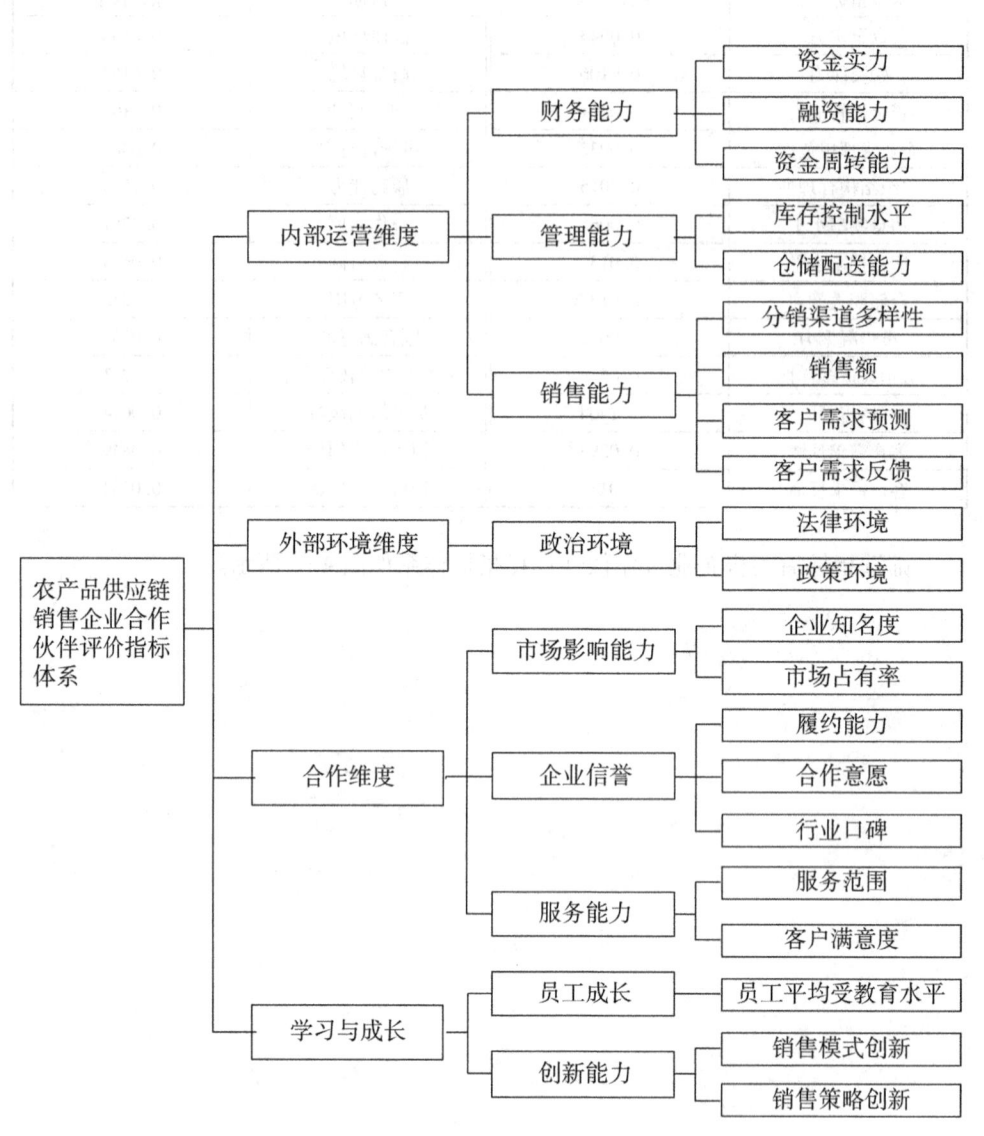

图 4-2　筛选指标后销售企业合作伙伴选择指标体系

第四节 农产品供应链构建实证研究

一、昆丰大豆专业合作社简介

目前国内农业及相关产业大力发展,研究选取黑龙江省齐齐哈尔市克山县的一家农民合作社为研究对象。克山县是我国重要的粮食基地、大豆出口基地、马铃薯基地,素有"北国粮仓""大豆之乡"之称。克山县资源丰富,水质上乘,"黑土地"资源优渥,盛产大豆、马铃薯、亚麻、蘑菇、黄芪等数百种食用、药用植物,第一产业发展迅速被列为我国500个产量大县之一。同时,克山县注重发展新型农业经营主体。近年来,克山县农民合作社发展迅速,多家农民合作社被评为黑龙江省农民合作社示范社、国家级农民合作社示范社,且当地农民合作社大多数都有自己的产品品牌,处于供应链核心组织的关键地位。

黑龙江省克山县昆丰大豆专业合作社,是由该县一家龙头企业在2009年1月牵头创办依法成立的全县范围的大豆专业化农民合作经济组织。该合作社成立时长虽短,但迅速得到当地村民广泛的认可,管理人员接近800人,约3万村民自愿通过带地入社形式加入合作社,合作社经营面积不断扩大,目前土地规模已超过全县75%,年利润高达6000万元。合作社手续办理流程、规章制度和管理模式等日益完善,相关业务覆盖了约700个村屯。合作社在为社员带来拓宽生产资料销售渠道和扩大产业规模等优质服务的同时,实现了农民丰产增收和产业链的互利共赢。

二、以昆丰大豆专业合作社为核心组织的加工企业合作伙伴选择

熵权TOPSIS法实质是熵权法和传统TOPSIS评价法的结合,采用熵权法确定选择指标体系的权重,再通过TOPSIS法利用逼近理想解确定评价对象的排序,进而可以为昆丰大豆专业合作社选择出适合的、理想的供应链合作伙伴。

昆丰大豆专业合作社有鑫顺食品加工有限公司（J_1）、天源食品有限公司（J_2）、永江食品加工公司（J_3）、仁人和食品加工有限公司（J_4）4家合作伙伴资源。现要从中选择最优供应链加工企业合作伙伴，从而形成长期合作伙伴关系。根据研究所建立的选择指标体系和评价模型，现对这4家加工企业合作伙伴进行综合评价研究，数据采集时的客观指标直接从各加工企业处获取原始指标值，见表4-12。

表4-12 加工企业客观指标数据

指标	J_1	J_2	J_3	J_4
加工周期（天）	24	30	30	36
产品合格率（%）	98.00	94.02	96.05	92.72
市场占有率（%）	33.33	12.32	16.81	17.23
交货期（天）	26	31	32	40
清洁能源利用率（%）	24.53	18.63	20.58	12.69

针对没有直接数据特征的主观指标，本书采用问卷评分的方式向昆丰大豆专业合作社的相关领导和部分员工发放调查问卷（附录7）获得专家打分值。调查共发放问卷10份，从中提取出有效问卷9份作为取值数据，经处理得到主观指标数据见表4-13。

表4-13 加工企业主观指标数据

指标	J_1	J_2	J_3	J_4
资金实力	9.8	8.8	9.5	9.2
资金周转能力	9.2	9.2	9.4	9.0
库存控制水平	9.6	8.8	8.8	9.0
自动化水平	9.4	9.5	8.9	7.5
信息化投入水平	8.6	8.3	8.9	9.0
技术领先度	8.9	8.5	7.9	7.3
质量保证体系	8.6	8.5	9.0	9.3
地理环境	9.0	7.5	7.8	8.6
资源环境	9.6	9.2	9.1	9.0
法律环境	9.4	8.9	8.2	9.2
市场认可度	9.3	8.8	9.4	8.9
履约能力	9.8	9.3	9.6	9.5
合作意愿	9.8	8.9	9.5	9.3

续表

指标	J_1	J_2	J_3	J_4
行业口碑	9.1	9.3	9.6	8.9
服务范围	8.9	8.5	9.2	9.2
柔性加工能力	9.2	7.8	8.8	9.0
员工平均受教育水平	8.8	9.2	8.6	8.2
绿色生产能力	8.5	9.0	9.0	9.6
环保投入水平	9.2	8.4	9.5	9.3
新产品研发能力	7.8	9.5	9.5	8.8

分别确定客观指标及主观指标的数据后，最终得到加工企业指标数据，见表4-14。

表4-14 加工企业指标数据

指标	J_1	J_2	J_3	J_4
资金实力 D_1	9.8	8.8	9.5	9.2
资金周转能力 D_2	9.2	9.2	9.4	9.0
库存控制水平 D_3	9.6	8.8	8.8	9.0
加工周期 D_4	24	30	30	36
自动化水平 D_5	9.4	9.5	8.9	7.5
信息化投入水平 D_6	8.6	8.3	8.9	9.0
技术领先度 D_7	8.9	8.5	7.9	7.3
质量保证体系 D_8	8.6	8.5	9.0	9.3
产品合格率 D_9	98.00%	94.02%	96.05%	92.72%
地理环境 D_{10}	9.0	7.5	7.8	8.6
资源环境 D_{11}	9.6	9.2	9.1	9.0
法律环境 D_{12}	9.4	8.9	8.2	9.2
市场认可度 D_{13}	9.3	8.8	9.4	8.9
市场占有率 D_{14}	33.33%	12.32%	16.81%	17.23%
履约能力 D_{15}	9.8	9.3	9.6	9.5
合作意愿 D_{16}	9.8	8.9	9.5	9.3
行业口碑 D_{17}	9.1	9.3	9.6	8.9
服务范围 D_{18}	8.9	8.5	9.2	9.2
交货期 D_{19}	26	31	32	40
柔性加工能力 D_{20}	9.2	7.8	8.8	9.0
员工平均受教育水平 D_{21}	8.8	9.2	8.6	8.2
绿色生产能力 D_{22}	8.5	9.0	9.0	9.6
清洁能源利用率 D_{23}	24.53%	18.63%	20.58%	12.69%
环保投入水平 D_{24}	9.2	8.4	9.5	9.3
新产品研发能力 D_{25}	7.8	9.5	9.5	8.8

(一) 熵权法计算备选加工企业各指标综合权重

针对最底层指标的计算，先以内部运营维度中加工能力为例对各加工企业进行评价，财务能力中有3个主观指标。主观指标需要建立对应的直觉模糊评估矩阵，规定各指标值取整数值。

$$A = \begin{bmatrix} (0.9, 0.1, 0.0) & (0.8, 0.1, 0.1) & (0.8, 0.1, 0.1) \\ (0.9, 0.1, 0.0) & (0.8, 0.1, 0.1) & (0.8, 0.1, 0.1) \\ (0.8, 0.1, 0.1) & (0.8, 0.1, 0.1) & (0.7, 0.2, 0.1) \\ (0.7, 0.2, 0.1) & (0.9, 0.1, 0.0) & (0.7, 0.2, 0.1) \end{bmatrix}$$

由式（1-12）可以计算出各加工企业这两项定性指标的直觉模糊熵，得到一个熵矩阵：

$$E = \begin{bmatrix} 0.1111 & 0.2222 & 0.2222 \\ 0.1111 & 0.2222 & 0.2222 \\ 0.2222 & 0.2222 & 0.3750 \\ 0.3750 & 0.1111 & 0.3750 \end{bmatrix}$$

由式（1-14）、式（1-15）可以求出 D_5、D_6 和 D_7 的熵权 $\omega(x_{D_5}) = 0.3454$，$\omega(x_{D_6}) = 0.3499$，$\omega(x_{D_7}) = 0.3047$。

客观指标中 D_4 为负向指标，由式（1-17）进行无量纲化后采用式（1-18）计算可以得到其熵权 $\omega(x_{D_4}) = 1$。

设主观指标和客观指标的权数分别为 0.7 和 0.3，那么就可以算出各指标最终的权值，即 $\omega(x_{D_4}) = 0.3$，$\omega(x_{D_5}) = 0.2418$，$\omega(x_{D_6}) = 0.2449$，$\omega(x_{D_7}) = 0.2133$。

(二) 基于TOPSIS法的候选加工企业合作伙伴选择

采用式（1-20）对指标进行相对标准的处理，然后构建加权式规范化矩阵：

$$Q = \begin{bmatrix} 0.15 & 0.0691 & 0.0591 & 0.0622 \\ 0.075 & 0.0691 & 0.0591 & 0.0622 \\ 0.075 & 0.0605 & 0.0591 & 0.0444 \\ 0 & 0.0432 & 0.0676 & 0.0444 \end{bmatrix}$$

这 4 个指标都是效益型指标,值越大越好。采用式(1-23)、式(1-24)进行计算,最终得到的正、负理想解是:

$Q_j^+ = (0.15, 0.0691, 0.0676, 0.0622)$

$Q_j^- = (0, 0.0432, 0.0591, 0.0444)$

根据式(1-25)至式(1-27)计算出各加工企业到加工能力正负理想解的距离和相对接近度,见表 4-15。

表 4-15 各加工企业到加工能力正负理想解的距离和相对接近度

备选企业	$l_{C_3}^+$	$l_{C_3}^-$	G_{A_3}
J_1	0.0085	0.1861	0.9563
J_2	0.075	0.1333	0.6385
J_3	0.0230	0.1214	0.8410
J_4	0.1533	0.0917	0.3744

即 $G_{c_3} = \{0.9563, 0.6385, 0.8410, 0.3744\}$

同理可计算得到剩余 11 个二级指标的相对接近度,结果如下:

财务能力:$G_{c_1} = \{1, 0, 0, 0\}$

管理能力:$G_{c_2} = \{1, 0, 0, 1\}$

产品质量:$G_{c_4} = \{0.4689, 0.9355, 0.3026, 0.0645\}$

自然环境:$G_{c_5} = \{1, 0, 0, 0.6667\}$

政治环境:$G_{c_6} = \{1, 0, 0, 1\}$

市场影响能力:$G_{c_7} = \{1, 0, 0.1632, 0.1950\}$

企业信誉:$G_{c_8} = \{0.5103, 0.5105, 0.5108, 1\}$

服务能力:$G_{c_9} = \{0.8188.3, 0.2698, 0.1856, 0.3872\}$

员工成长:$G_{c_{10}} = \{1, 0, 0, 1\}$

绿色发展能力:$G_{c_{11}} = \{0.9166, 0.1979, 0.4617, 0.2851\}$

创新能力:$G_{c_{12}} = \{1, 0, 0, 1\}$

得到第三层评价结果后,第三层评价结果就构成了第二层评价矩阵。同理,用熵权法计算出第二层的各项权重,最终计算得到第二层评价结果如下:

内部运营维度:$G_{B_1} = \{0.7914, 0.4447, 0.5854, 0.4248\}$

外部环境维度：G_{B_2} = {1, 0, 0, 0.7831}

合作维度：G_{B_3} = {0.7394, 0.3175, 0.3289, 0.6320}

学习与成长：G_{B_3} = {0.7394, 0.3175, 0.3289, 0.6320}

同理可得到第一层评价结果，见表4-16。

表4-16 各加工企业到最佳合作伙伴正负理想解的距离和相对接近度

备选企业	l_A^+	l_A^-	G_A
J_1	0	0.9461	1
J_2	1.3823	0.5394	0.2807
J_3	0.7630	0.5007	0.3962
J_4	0.5345	0.4946	0.4806

计算结果表明，J_1是备选的加工企业里最适合与昆丰大豆专业合作社合作的企业，适合程度分别为J_1、J_4、J_3、J_2，这份评价结果也得到昆丰大豆专业合作社的认可。因此，在选择加工企业合作伙伴方面，鑫顺食品加工有限公司将是昆丰大豆专业合作社最值得合作的供应链合作伙伴。

三、以昆丰大豆专业合作社为核心组织的销售企业合作伙伴选择

昆丰大豆专业合作社有康泰超市（X_1）、华丰超市（X_2）、天泽超市（X_3）、帝泰超市（X_4）4家销售企业作为供应链合作伙伴选择的备选企业，根据研究所建立的选择指标体系和评价模型，现对这4家销售企业合作伙伴进行综合评价研究，客观指标数据见表4-17。

表4-17 销售企业客观指标数据

指标	X_1	X_2	X_3	X_4
分销渠道多样化	8	7	5	9
销售额（万元）	1.4	0.91	1.82	2.17
市场占有率（%）	4.6	8.3	11.9	15.7
履约能力（履约率）（%）	98.42	93.96	99.78	99.26

续表

指标	X_1	X_2	X_3	X_4
客户满意度（%）	95.00	94.02	96.05	98.72
员工平均受教育水平（比率）（%）	66.21	71.03	69.72	73.97

主观指标同样采取问卷调查的形式，向昆丰大豆专业合作社的相关领导和部分员工发放调查问卷（附录8）获得专家打分值。调查共发放问卷10份，回收有效问卷10份作为取值数据，最终处理后的主观指标数据见表4-18。

表4-18 销售企业主观指标数据表

指标	X_1	X_2	X_3	X_4
资金实力	9.5	9.5	8.8	9.8
融资能力	7.8	8.8	9.0	8.5
资金周转能力	9.5	8.9	7.5	9.2
库存控制水平	7.8	7.8	9.5	8.8
仓储配送能力	8.9	8.5	9.2	9.2
客户需求预测	8.2	8.4	7.4	8.5
客户需求反馈	8.8	9.0	8.6	9.2
法律环境	9.2	9.0	9.4	9.2
政策环境	8.8	8.9	8.3	8.5
企业知名度	9.6	9.5	9.4	9.9
合作意愿	9.4	8.8	9.5	9.2
行业口碑	9.2	9.5	9.2	9.6
服务范围	9.4	9.2	9.6	9.5
销售模式创新	8.6	8.2	8.3	7.8
销售策略创新	7.6	8.2	7.2	7

通过不同方法分别确定客观指标及主观指标的数据后，最终可以得到所有指标的数据，见表4-19。

表 4-19 销售企业指标数据

指标	X_1	X_2	X_3	X_4
资金实力 D_1	9.5	9.5	8.8	9.8
融资能力 D_2	7.8	8.8	9.0	8.5
资金周转能力 D_3	9.5	8.9	7.5	9.2
库存控制水平 D_4	7.8	7.8	9.5	8.8
仓储配送能力 D_5	8.9	8.5	9.2	9.2
分销渠道多样性 D_6	8	7	5	9
销售额 D_7	1.4	0.91	1.82	2.17
客户需求预测 D_8	8.2	8.4	7.4	8.5
客户需求反馈 D_9	8.8	9.0	8.6	9.2
法律环境 D_{10}	9.2	9.0	9.4	9.2
政策环境 D_{11}	8.8	8.9	8.3	8.5
企业知名度 D_{12}	9.6	9.5	9.4	9.9
市场占有率 D_{13}	4.6%	8.3%	11.9%	15.7%
履约能力 D_{14}	98.42%	93.96%	99.78%	99.26%
合作意愿 D_{15}	9.4	8.8	9.5	9.2
行业口碑 D_{16}	9.4	9.5	9.2	9.6
服务范围 D_{17}	9.4	9.2	9.6	9.5
客户满意度 D_{18}	95.00%	94.02%	96.05%	98.72%
员工平均受教育水平 D_{19}	66.21%	71.03%	69.72%	73.97%
销售模式创新 D_{20}	8.6	8.2	8.3	7.8
销售策略创新 D_{21}	7.6	8.2	7.2	7

根据上述加工企业计算过程，同理可得销售企业的 9 个二级指标进行评价，结果如下：

财务能力：$G_{c_1} = \{0.8443, 0.9171, 0.8056, 0.9367\}$

管理能力：$G_{c_2} = \{0, 0, 1, 0.7708\}$

销售能力：$G_{c_3} = \{0.7410, 0.6351, 0.8082, 1\}$

政治环境：$G_{c_4} = \{0, 0, 1, 1\}$

第四章 以农民合作社为核心组织的供应链合作伙伴选择

市场影响能力：$G_{c_5} = \{0, 0.3323, 0.6572, 1\}$

企业信誉：$G_{c_6} = \{0.8531, 0.5116, 1, 0.9420\}$

服务能力：$G_{c_7} = \{0.4829, 0, 1, 0\}$

员工成长：$G_{c_8} = \{1, 0, 0, 1\}$

创新能力：$G_{c_9} = \{0.4846, 1, 0.4846, 0\}$

同理，计算得到第二层指标评价结果如下：

内部运营维度：$G_{B_1} = \{0.4382, 0.4383, 0.4556, 5084\}$

外部环境维度：$G_{B_2} = \{1, 0, 0, 1\}$

合作维度：$G_{B_3} = \{0.4634, 0.3192, 0.8200, 0.9595\}$

学习与成长：$G_{B_4} = \{0.6831, 0.5, 0.3011, 0.5\}$

同理，可计算得到第一层指标评价结果，见表4-20。

表4-20 各销售企业到最佳合作伙伴正负理想解的距离和相对接近度

备选企业	l_A^+	l_A^-	G_A
X_1	0.5010	0.6134	0.5504
X_2	1.0191	0.4583	0.3102
X_3	0.3823	0.5974	0.6098
X_4	0.1831	0.7721	0.8083

计算结果表明，X_4是备选的销售企业里最适合与昆丰大豆专业合作社合作的企业，适合程度分别为X_4、X_3、X_1、X_2，这份评价结果也得到昆丰大豆专业合作社的认可。因此，在选择销售企业合作伙伴方面，帝泰超市将是昆丰大豆专业合作社最值得合作的供应链合作伙伴。

第五章
以农民合作社为核心组织的农产品供应链构建博弈研究

在以农民合作社为核心组织的农产品供应链构建过程中,各主体组织是否参与供应链的这一决策直接决定了供应链构建的成功与否。作为供应链核心组织的农民合作社,在构建农产品供应链的过程中,如何促进供应链中的加工企业和销售企业加入供应链中,这就需要应用三方演化博弈对其进行研究。

第一节 模型构建及演化博弈分析

一、博弈假设及模型构建

(一) 博弈假设

当前,我国农产品生产模式还不够成熟,农民利益无法得到切实保障、农业发展较为迟缓。构建以农民合作社为核心组织的农产品供应链(下文所述的农产品供应链均指这种供应链),可以将农民合作社自身的非核心业务交给其他企业,从而降低交易成本、减少库存、确保销售稳定等,因此,构建合理的农产品供应链有其重要性和必要性。但现实中,企业多以追求自身利益最大化为目标,所以许多的农产品供应链产生了"零和博弈"现象,最终以失败告终,这可能是因为构建时各节点企业没有认真考虑加入供应链的利益得失,未作出正确的决策。因此,若想农产品供应链在实现整体利益最大化的同时,个人利益达到最大的帕累托最优状态,就需要对农民合作社、加工企业和销售企业进行博弈分析。

为了深入剖析农产品供应链中各主体的决策行为,本书提出以下假设。

(1) 供应链中的博弈参与者是农民合作社、加工企业和销售企业。其中,农民合作社是供应链的核心组织,其实力足够建立基于特色农产品的创新型农产品供应链。

(2) 作为供应链的参与者,农民合作社、加工企业和销售企业的最终目的都是追求各自利益最大化,各主体的行为都基于这一目的。

(3) 默认农民合作社一定会加入该供应链。

(4) 加工企业和销售企业加入供应链默认一定会信息共享并同意协调管理。

(5) 若加工企业不加入供应链,则会出现断链,供应链失败。

(6) 三方决策为:农民合作社 {有激励政策,无激励政策},加工企业 {加入,不加入},销售企业 {加入,不加入}。

(7) 农民合作社的激励手段为因形成供应链,对提高客户满意度而增加市场份额的加工企业和销售企业给予折扣和稳定供应,加工企业和销售企业也会因为激励政策继续提高客户满意度而增加市场份额,形成良性循环。

(8) 农民合作社选择有激励政策行为策略的概率为 x,选择无激励政策行为策略的概率为 $1-x$;加工企业选择加入供应链行为策略的概率为 y,选择不加入供应链行为策略的概率为 $1-y$;销售企业选择加入供应链行为策略的概率为 z,选择不加入供应链行为策略的概率为 $1-z$。其中,x、y、z 均是变量,会随着演化博弈的过程进行调整和变化,它们的取值范围均是 [0,1]。

(二) 定义模型变量

定义模型变量见表 5-1。

表 5-1 模型变量说明

变量符号	意义与说明
R_1	农民合作社未形成供应链的基本收益
R_2	加工企业未加入供应链的基本收益
R_3	销售企业未加入供应链的基本收益
c_1	农民合作社因每个节点企业加入供应链而给予单个农产品的折扣

续表

变量符号	意义与说明
b_1	农民合作社生产单个农产品的利润（$b_1 > 2c_1$）
b_2	加工企业加工单个农产品的利润
b_3	销售企业销售单个农产品的利润
M_1	农民合作社的信息共享成本
M_2	加工企业的信息共享成本
M_3	销售企业的信息共享成本
N_1	农民合作社协调管理每个节点企业的成本
N_2	加工企业为配合协调管理需付出的成本
N_3	销售企业为配合协调管理需付出的成本
S_1	农民合作社因加工企业加入供应链获得好处的货币价值量（好处是指按需种植、节省交易成本、降低库存等）
K_1	农民合作社因销售企业加入供应链获得好处的货币价值量（好处是指节省成本、降低库存、确保销售稳定等）
S_2	加工企业因与农民合作社建立供应链合作伙伴关系获得好处的货币价值量（好处是指降低采购成本、降低库存、确保货源稳定等）
K_2	加工企业因销售企业加入供应链获得好处的货币价值量（好处是指节约交易成本、降低库存、确保销售稳定等）
S_3	销售企业因加入供应链获得好处的货币价值量（好处是指降低采购成本、降低库存、确保货源稳定等）
φ_1	加工企业因激励政策提高客户满意度而增加的市场份额
φ_2	销售企业因激励政策提高客户满意度而增加的市场份额

（三）模型分析与建立

根据以上假设，农民合作社的收益成分分析包括未加入供应链的基本收益、因加工企业加入供应链获得好处的收益、因销售企业加入供应链获得好处的收益、因有激励政策给予的折扣成本、因共享信息行为产生的成本和对供应链节点企业进行协调管理的成本等方面；加工企业的收益成分分析包括不加入供应链的基本收益、因与农民合作社建立供应链合作伙伴关系获得好处的收益、因销售企业加入供应链获得好处的收益、因有激励政策给予的折扣收益、因共享信息行为产生的成本和配合农民合作社协调管理的成本等方面；销售企业的收益成分分析包括不加入供应链的基本收益、因加入供应链获得好处的收益、因有激励政策给予的折扣收益、因共享信息行为产生的成本和配合农民合作社协调管理的成本等方面。

现分析以下几种情况。

（1）农民合作社选择无激励政策的行为策略，加工企业和销售企业都选择不加入供应链的行为策略。

在这种情况下，农民合作社、加工企业和销售企业只能获得不加入供应链时获得的基本收益。三者的收益情况如下：

农民合作社的收益：R_1

加工企业的收益：R_2

销售企业的收益：R_3

（2）农民合作社选择无激励政策的行为策略，加工企业选择加入供应链的行为决策，销售企业选择不加入供应链的行为策略。

在这种情况下，因农民合作社选择无激励政策，因此不考虑激励政策给予的折扣收益或成本，农民合作社不产生折扣成本，并且受益于加工企业加入供应链中，但需支付信息共享和协调管理的成本；加工企业因加入供应链收益，也要支付信息共享和配合协调管理的成本；销售企业未加入供应链，只获得基本收益。因此得出：

农民合作社的收益：$R_1 - M_1 + S_1 - N_1$

加工企业的收益：$R_2 - M_2 + S_2 - N_2$

销售企业的收益：R_3

（3）农民合作社选择无激励政策的行为策略，加工企业选择不加入供应链的行为策略，销售企业选择加入供应链的行为策略。

在这种情况下，违背博弈基本假设，供应链构建失败，农民合作社、加工企业和销售企业只能获得不加入供应链时获得的基本收益。三者的收益情况如下：

农民合作社的收益：R_1

加工企业的收益：R_2

销售企业的收益：R_3

（4）农民合作社选择无激励政策的行为策略，加工企业和销售企业都选择加入供应链的行为策略。

在这种情况下，因农民合作社选择无激励政策，因此不考虑激励政策给予的折扣收益或成本，农民合作社不产生折扣成本并从加工、销售企业加入供应链中受益，但需支付信息共享和协调管理的成本；加工企业因加入供应链和销售企业加入供应链收益，也要支付信息共享和配合协调管理的成本；销售企业因加入供应链收益。也要支付信息共享和配合协调管理的成本。三者的收益情况如下：

农民合作社的收益：$R_1 - M_1 + S_1 + K_1 - 2N_1$

加工企业的收益：$R_2 - M_2 + S_2 + K_2 - N_2$

销售企业的收益：$R_3 - M_3 + S_3 - N_3$

（5）农民合作社选择有激励政策的行为策略，加工企业和销售企业都选择不加入供应链的行为策略。

在这种情况下，供应链构建失败，农民合作社、加工企业和销售企业只能获得不加入供应链时获得的基本收益。三者的收益情况如下：

农民合作社的收益：R_1

加工企业的收益：R_2

销售企业的收益：R_3

（6）农民合作社选择有激励政策的行为策略，加工企业选择加入供应链的行为策略，销售企业选择不加入供应链的行为策略。

在这种情况下，因农民合作社选择有激励政策，因此考虑激励政策给予的折扣收益或成本，农民合作社从加工企业加入供应链中受益，但需支付折扣成本、信息共享和协调管理的成本；加工企业获得加入供应链和折扣的收益，也要支付信息共享和配合协调管理的成本；销售企业未加入供应链，只获得基本收益。据此可分析出以下结果：

农民合作社的收益：$R_1 - M_1 - N_1 + S_1 + \varphi_1(b_1 - c_1)$

加工企业的收益：$R_2 - M_2 - N_2 + S_2 + \varphi_1 c_1 + \varphi_1 b_2$

销售企业的收益：R_3

第五章 以农民合作社为核心组织的农产品供应链构建博弈研究

(7) 农民合作社选择有激励政策的行为策略，加工企业选择不加入供应链的行为策略，销售企业选择加入供应链的行为策略。

在这种情况下，违背博弈基本假设，供应链构建失败，农民合作社、加工企业和销售企业只能获得不加入供应链时获得的基本收益。三者的收益情况如下：

农民合作社的收益：R_1

加工企业的收益：R_2

销售企业的收益：R_3

(8) 农民合作社选择有激励政策的行为策略，加工企业和销售企业都选择加入供应链的行为策略。

在这种情况下，因农民合作社选择有激励政策，因此考虑激励政策给予的折扣收益或成本，农民合作社从加工、销售企业加入供应链中受益，但需支付折扣成本、信息共享和协调管理的成本；加工企业获得加入供应链、销售企业加入供应链和折扣的收益，同时要支付信息共享和配合协调管理的成本；销售企业获得加入供应链和折扣的收益，同时也要支付信息共享和配合协调管理的成本。根据以上分析可得出：

农民合作社的收益：$R_1 - M_1 - 2N_1 + S_1 + K_1 + (\varphi_1 + \varphi_2)(b_1 - 2c_1)$

加工企业的收益：$R_2 - M_2 - N_2 + S_2 + K_2 + (\varphi_1 + \varphi_2)(c_1 + b_2)$

销售企业的收益：$R_3 - M_3 - N_3 + S_3 + (\varphi_1 + \varphi_2)(c_1 + b_3)$

综合以上分析，可以得到三个博弈主体的收益矩阵，见表5-2。设 $O_j = \{S_1, S_2, S_3\}$ ($j = 1, 2, \cdots, 8$) 为农民合作社、加工企业和销售企业三个主体的博弈策略组合，$S_1 = 1$ 表示农民合作社有激励政策，$S_1 = 0$ 表示农民合作社无激励政策；$S_2 = 1$ 表示加工企业加入供应链，$S_2 = 0$ 表示加工企业不加入供应链；$S_3 = 1$ 表示销售企业加入供应链，$S_3 = 0$ 表示销售企业不加入供应链。

表 5-2 三个主体博弈收益矩阵

策略集	博弈方	收益函数
$O_1 = \{0, 0, 0\}$	农民合作社	R_1
	加工企业	R_2
	销售企业	R_3

续表

策略集	博弈方	收益函数
$O_2 = \{0, 1, 0\}$	农民合作社	$R_1 - M_1 + S_1 - N_1$
	加工企业	$R_2 - M_2 + S_2 - N_2$
	销售企业	R_3
$O_3 = \{0, 0, 1\}$	农民合作社	R_1
	加工企业	R_2
	销售企业	R_3
$O_4 = \{0, 1, 1\}$	农民合作社	$R_1 - M_1 + S_1 + K_1 - 2N_1$
	加工企业	$R_2 - M_2 + S_2 + K_2 - N_2$
	销售企业	$R_3 - M_3 + S_3 - N_3$
$O_5 = \{1, 0, 0\}$	农民合作社	R_1
	加工企业	R_2
	销售企业	R_3
$O_6 = \{1, 1, 0\}$	农民合作社	$R_1 - M_1 - N_1 + S_1 + \varphi_1(b_1 - c_1)$
	加工企业	$R_2 - M_2 - N_2 + S_2 + \varphi_1 c_1 + \varphi_1 b_2$
	销售企业	R_3
$O_7 = \{1, 0, 1\}$	农民合作社	R_1
	加工企业	R_2
	销售企业	R_3
$O_8 = \{1, 1, 1\}$	农民合作社	$R_1 - M_1 - 2N_1 + S_1 + K_1 + (\varphi_1 + \varphi_2)(b_1 - 2c_1)$
	加工企业	$R_2 - M_2 - N_2 + S_2 + K_2 + (\varphi_1 + \varphi_2)(c_1 + b_2)$
	销售企业	$R_3 - M_3 - N_3 + S_3 + (\varphi_1 + \varphi_2)(c_1 + b_3)$

二、农民合作社、加工企业和销售企业的演化博弈分析

（一）农民合作社的复制动态方程及均衡点

农民合作社选择有激励政策的期望收益 E_{a_1}、选择无激励政策的期望收益 E_{a_2} 和平均期望收益 E_a 分别为：

$$E_{a_1} = (1-y)(1-z)R_1 + y(1-z)[R_1 - M_1 - N_1 + S_1 + \varphi_1(b_1 - c_1)] + \\ (1-y)zR_1 + yz[R_1 - M_1 - 2N_1 + S_1 + K_1 + (\varphi_1 + \varphi_2)(b_1 - 2c_1)] \quad (5-1)$$

$$E_{a_2} = (1-y)(1-z)R_1 + y(1-z)(R_1 - M_1 - N_1 + S_1) + (1-y)zR_1 + \\ yz(R_1 - M_1 + S_1 + K_1 - 2N_1) \quad (5-2)$$

第五章 以农民合作社为核心组织的农产品供应链构建博弈研究

$$E_a = xE_{a_1} + (1-x)E_{a_2} \tag{5-3}$$

则农民合作社有激励政策时的复制动态方程为：

$$F(x) = \frac{dx}{dt} = x(E_{a_1} - E_a) = x(1-x)(E_{a_1} - E_{a_2})$$

$$= x(1-x)(b_1\varphi_1 y - c_1\varphi_1 y - c_1\varphi_1 yz + b_1\varphi_2 yz - 2c_1\varphi_2 yz) \tag{5-4}$$

当 $z = \dfrac{c_1\varphi_1 - b_1\varphi_1}{b_1\varphi_2 - c_1\varphi_1 - 2c_1\varphi_2}$ 时，$F(x) \equiv 0$，说明 x 取任何值都是稳定策略；否则令 $F(x) = 0$，得 $x = 0$ 或 $x = 1$ 是两个稳定点。由复制动态方程稳定性定理可知，作为稳定策略需要符合 $F(x) = 0$ 且 $F'(x) < 0$。

对 $F(x)$ 求导得：

$$\frac{dF(x)}{dx} = (1-2x)(b_1\varphi_1 y - c_1\varphi_1 y - c_1\varphi_1 yz + b_1\varphi_2 yz - 2c_1\varphi_2 yz) \tag{5-5}$$

当 $z > \dfrac{c_1\varphi_1 - b_1\varphi_1}{b_1\varphi_2 - c_1\varphi_1 - 2c_1\varphi_2}$ 时，$\left.\dfrac{dF(x)}{dx}\right|_{x=1} > 0$，$\left.\dfrac{dF(x)}{dx}\right|_{x=0} < 0$，所以 $x = 0$ 为平衡点时，农民合作社选择无激励政策行为策略。

当 $z < \dfrac{c_1\varphi_1 - b_1\varphi_1}{b_1\varphi_2 - c_1\varphi_1 - 2c_1\varphi_2}$ 时，$\left.\dfrac{dF(x)}{dx}\right|_{x=0} > 0$，$\left.\dfrac{dF(x)}{dx}\right|_{x=1} < 0$，所以 $x = 1$ 为平衡点时，农民合作社选择有激励政策行为策略。

根据农民合作社演化稳定策略可以得到以下结论。

结论1：农民合作社生产单个农产品的利润 b_1 越大，农民合作社选择有激励政策的概率越大；因激励政策，加工企业提高客户满意度而增加的市场份额 φ_1 越大，农民合作社选择有激励政策的概率越大；因激励政策，销售企业提高客户满意度而增加的市场份额 φ_2 越大，农民合作社选择有激励政策的概率越大；当农民合作社因每个节点企业加入供应链而给予单个农产品的折扣 c_1 越小，农民合作社选择有激励政策的概率越大。

结论2：销售企业选择加入供应链策略的概率越大，农民合作社选择有激励政策的概率越大。

结论3：加工企业选择加入供应链策略的概率越大，农民合作社选择有激励政策的概率越大。

（二）加工企业的复制动态方程及均衡点

加工企业选择加入供应链的期望收益 E_{b_1}、不加入供应链的期望收益 E_{b_2} 和平均期望收益 E_b 分别为：

$$E_{b_1} = (1-x)(1-z)(R_2 - M_2 + S_2 - N_2) + (1-x)z(R_2 - M_2 + S_2 + K_2 - N_2) +$$
$$x(1-z)(R_2 - M_2 - N_2 + S_2 + c_1\varphi_1 + b_2\varphi_1) + xz[R_2 - M_2 - N_2 + S_2 + K_2 +$$
$$(\varphi_1 + \varphi_2)(c_1 + b_2)] \tag{5-6}$$

$$E_{b_2} = (1-x)(1-z)R_2 + x(1-z)R_2 + (1-x)zR_2 + xzR_2 \tag{5-7}$$

$$E_b = yE_{b_1} + (1-y)E_{b_2} \tag{5-8}$$

则加工企业加入供应链时的复制动态方程为：

$$F(y) = \frac{dy}{dt} = y(E_{b_1} - E_b) = y(1-y)(E_{b_1} - E_{b_2}) = y(1-y)$$
$$(-M_2 + S_2 - N_2 + K_2 z + c_1\varphi_1 x + b_2\varphi_1 x + c_1\varphi_2 xz + b_2\varphi_2 xz) \tag{5-9}$$

当 $x = \dfrac{M_2 - S_2 + N_2 - K_2 z}{c_1\varphi_1 + b_2\varphi_1 + c_1\varphi_2 z + b_2\varphi_2 z}$ 时，$F(y) \equiv 0$，说明 y 取任何值都是稳定策略；否则令 $F(y) = 0$，得 $y = 0$ 或 $y = 1$ 是两个稳定点。由复制动态方程稳定性定理可知，作为稳定策略需要符合 $F(y) = 0$ 且 $F'(y) < 0$。

对 $F(y)$ 求导得：

$$\frac{dF(y)}{dy} = (1 - 2y)(-M_2 + S_2 - N_2 + K_2 z + c_1\varphi_1 x + b_2\varphi_1 x +$$
$$c_1\varphi_2 xz + b_2\varphi_2 xz) \tag{5-10}$$

当 $x > \dfrac{M_2 - S_2 + N_2 - K_2 z}{c_1\varphi_1 + b_2\varphi_1 + c_1\varphi_2 z + b_2\varphi_2 z}$ 时，$\left.\dfrac{dF(y)}{dy}\right|_{y=1} < 0$，$\left.\dfrac{dF(y)}{dy}\right|_{y=0} > 0$，所以 $y = 1$ 为平衡点时，加工企业选择加入供应链策略。

当 $x < \dfrac{M_2 - S_2 + N_2 - K_2 z}{c_1\varphi_1 + b_2\varphi_1 + c_1\varphi_2 z + b_2\varphi_2 z}$ 时，$\left.\dfrac{dF(y)}{dy}\right|_{y=0} < 0$，$\left.\dfrac{dF(y)}{dy}\right|_{y=1} > 0$，所以 $y = 0$ 为平衡点时，加工企业选择不加入供应链策略。

根据加工企业演化稳定策略可以得到以下结论。

结论4：加工企业因与农民合作社建立供应链合作伙伴关系获得好处的货币

价值量 S_2 越大，加工企业加入供应链的概率越大；加工企业因销售企业加入供应链获得好处的货币价值量 K_2 越大，加工企业加入供应链的概率越大；农民合作社因每个节点企业加入供应链而给予单个农产品的折扣 c_1 越大，加工企业加入供应链的概率越大；加工企业加工单个农产品的利润 b_2 越大，加工企业加入供应链的概率越大；加工企业因激励政策提高客户满意度而增加的市场份额 φ_1 越大，加工企业加入供应链的概率越大；销售企业因激励政策提高客户满意度而增加的市场份额 φ_2 越大，加工企业选择加入供应链的概率越大；加工企业的信息共享成本 M_2 越小，加工企业加入供应链的概率越大；加工企业为配合协调管理需付出的成本 N_2 越小，加工企业加入供应链的概率越大。

结论 5：农民合作社选择有激励政策的概率越大，加工企业选择加入供应链的概率越大。

结论 6：销售企业选择加入供应链的概率越大，加工企业选择加入供应链的概率越大。

（三）销售企业的复制动态方程及均衡点

销售企业选择加入供应链的期望收益 E_{c_1}、不加入供应链的期望收益 E_{c_2} 和平均期望收益 E_c 分别为：

$$E_{c_1} = (1-x)(1-y)R_3 + x(1-y)R_3 + (1-x)y(R_3 - M_3 + S_3 - N_3) + xy[R_3 + S_3 - M_3 - N_3 + (\varphi_1 + \varphi_2)(c_1 + b_3)] \quad (5-11)$$

$$E_{c_2} = (1-x)(1-y)R_3 + x(1-y)R_3 + (1-x)yR_3 + xyR_3 \quad (5-12)$$

$$E_c = zE_{c_1} + (1-z)E_{c_2} \quad (5-13)$$

则销售企业加入供应链时的复制动态方程为：

$$\begin{aligned}F(z) = \frac{dz}{dt} &= z(E_{c_1} - E_c) = z(1-z)(E_{c_1} - E_{c_2}) \\ &= z(1-z)(-M_3 y + S_3 y - N_3 y + c_1\varphi_1 xy + b_3\varphi_1 xy + \\ &\quad c_1\varphi_2 xy + b_3\varphi_2 xy) \end{aligned} \quad (5-14)$$

当 $x = \dfrac{M_3 y + N_3 y - S_3 y}{c_1\varphi_1 y + b_3\varphi_1 y + c_1\varphi_2 y + b_3\varphi_2 y}$ 时，$F(z) \equiv 0$，说明 z 取任何值都是稳定

策略；否则令 $F(z)=0$，得 $z=0$ 或 $z=1$ 是两个稳定点。由复制动态方程稳定性定理知，作为稳定策略需要符合 $F(z)=0$ 且 $F'(z)<0$。

对 $F(z)$ 求导得：

$$\frac{\mathrm{d}F(z)}{\mathrm{d}z} = (1-2z)(-M_3 y + S_3 y - N_3 y + c_1\varphi_1 xy + b_3\varphi_1 xy + c_1\varphi_2 xy + b_3\varphi_2 xy) \tag{5-15}$$

当 $x > \dfrac{M_3 y + N_3 y - S_3 y}{c_1\varphi_1 y + b_3\varphi_1 y + c_1\varphi_2 y + b_3\varphi_2 y}$ 时，$\left.\dfrac{\mathrm{d}F(z)}{\mathrm{d}z}\right|_{z=1}<0$，$\left.\dfrac{\mathrm{d}F(z)}{\mathrm{d}z}\right|_{z=0}>0$，所以 $z=1$ 为平衡点时，销售企业选择加入供应链策略。

当 $x < \dfrac{M_3 y + N_3 y - S_3 y}{c_1\varphi_1 y + b_3\varphi_1 y + c_1\varphi_2 y + b_3\varphi_2 y}$ 时，$\left.\dfrac{\mathrm{d}F(z)}{\mathrm{d}z}\right|_{z=0}<0$，$\left.\dfrac{\mathrm{d}F(z)}{\mathrm{d}z}\right|_{z=1}>0$，所以 $z=0$ 为平衡点时，销售企业选择不加入供应链策略。

根据销售企业演化稳定策略可以得到以下结论。

结论7：销售企业因加入供应链获得好处的货币价值量 S_3 越大，销售企业加入供应链的概率越大；农民合作社因每个节点企业加入供应链而给予单个农产品的折扣 c_1 越大，销售企业加入供应链的概率越大；销售企业销售单个农产品的利润 b_3 越大，销售企业加入供应链的概率越大；加工企业因激励政策提高客户满意度而增加的市场份额 φ_1 越大，销售企业加入供应链的概率越大；销售企业因激励政策提高客户满意度而增加的市场份额 φ_2 越大，销售企业选择加入供应链的概率越大；销售企业的信息共享成本 M_3 越小，销售企业加入供应链的概率越大；销售企业为配合协调管理需付出的成本 N_3 越小，销售企业加入供应链的概率越大。

结论8：农民合作社选择有激励政策的概率越大，销售企业选择加入供应链的概率越大。

结论9：加工企业选择加入供应链的概率越大，销售企业选择加入供应链的概率越大。

三、模型演化策略稳定性分析

根据以上分析可以得到一个三维动力系统，令：

$$\begin{cases} \dfrac{dx}{dt} = x(1-x)(b_1\varphi_1 y - c_1\varphi_1 y - c_1\varphi_1 yz + b_1\varphi_2 yz - 2c_1\varphi_2 yz) = 0 \\ \dfrac{dy}{dt} = y(1-y)(-M_2 + S_2 - N_2 + K_2 z + c_1\varphi_1 x + b_2\varphi_1 x + c_1\varphi_2 xz + b_2\varphi_2 xz) = 0 \\ \dfrac{dz}{dt} = z(1-z)(-M_3 y + S_3 y - N_3 y + c_1\varphi_1 xy + b_3\varphi_1 xy + c_1\varphi_2 xy + b_3\varphi_2 xy) = 0 \end{cases}$$

$$J = \begin{bmatrix} \dfrac{\partial F(x)}{\partial x} & \dfrac{\partial F(x)}{\partial y} & \dfrac{\partial F(x)}{\partial z} \\ \dfrac{\partial F(y)}{\partial x} & \dfrac{\partial F(y)}{\partial y} & \dfrac{\partial F(y)}{\partial z} \\ \dfrac{\partial F(z)}{\partial x} & \dfrac{\partial F(z)}{\partial y} & \dfrac{\partial F(z)}{\partial z} \end{bmatrix} = \begin{bmatrix} J_{11} & J_{12} & J_{13} \\ J_{21} & J_{22} & J_{23} \\ J_{31} & J_{32} & J_{33} \end{bmatrix}$$

$$\begin{cases} J_{11} = (1-2x)(b_1\varphi_1 y - c_1\varphi_1 y - c_1\varphi_1 yz + b_1\varphi_2 yz - 2c_1\varphi_2 yz) \\ J_{12} = x(1-x)(b_1\varphi_1 - c_1\varphi_1 - c_1\varphi_1 z + b_1\varphi_2 z - 2c_1\varphi_2 z) \\ J_{13} = x(1-x)(b_1\varphi_1 y - c_1\varphi_1 y - c_1\varphi_1 y + b_1\varphi_2 y - 2c_1\varphi_2 y) \\ J_{21} = y(1-y)(c_1\varphi_1 + b_2\varphi_1 + c_1\varphi_2 z + b_2\varphi_2 z) \\ J_{22} = (1-2y)(-M_2 + S_2 - N_2 + K_2 z + c_1\varphi_1 x + b_2\varphi_1 x + c_1\varphi_2 xz + b_2\varphi_2 xz) \\ J_{23} = y(1-y)(K_2 + c_1\varphi_2 x + b_2\varphi_2 x) \\ J_{31} = z(1-z)(c_1\varphi_1 y + b_3\varphi_1 y + c_1\varphi_2 y + b_3\varphi_2 y) \\ J_{32} = z(1-z)(-M_3 + S_3 - N_3 + c_1\varphi_1 x + b_3\varphi_1 x + c_1\varphi_2 x + b_3\varphi_2 x) \\ J_{33} = (1-2z)(-M_3 y + S_3 y - N_3 y + c_1\varphi_1 xy + b_3\varphi_1 xy + c_1\varphi_2 xy + b_3\varphi_2 xy) \end{cases}$$

由李雅普诺夫（Lyapunov）间接法可知：雅克比矩阵的所有特征值均具有负实部，则均衡点为稳定点（ESS）；雅克比矩阵的特征值至少有一个具有正实部，则均衡点为不稳定点。为分析各均衡点的稳定性，将均衡点代入矩阵 J，得到各个均衡点对应的特征值，见表5-3。

表5-3 各个均衡点对应的特征值

均衡点	特征值	数值
(0, 0, 0)	λ_1	0
	λ_2	$-M_2 + S_2 - N_2$
	λ_3	0

续表

均衡点	特征值	数值
(0, 1, 0)	λ_1	$b_1\varphi_1 - c_1\varphi_1$
	λ_2	$M_2 - S_2 + N_2$
	λ_3	$-M_3 + S_3 - N_3$
(0, 1, 1)	λ_1	$b_1\varphi_1 - 2c_1\varphi_1 + b_1\varphi_2 - 2c_1\varphi_2$
	λ_2	$M_2 - S_2 + N_2 - K_2$
	λ_3	$M_3 - S_3 + N_3$
(1, 0, 0)	λ_1	0
	λ_2	$-M_2 + S_2 - N_2 + c_1\varphi_1 + b_2\varphi_1$
	λ_3	0
(1, 1, 0)	λ_1	$-b_1\varphi_1 + c_1\varphi_1$
	λ_2	$M_2 - S_2 + N_2 - c_1\varphi_1 - b_2\varphi_1$
	λ_3	$-M_3 + S_3 - N_3 + c_1\varphi_1 + b_3\varphi_1 + c_1\varphi_2 + b_3\varphi_2$
(1, 1, 1)	λ_1	$2c_1\varphi_1 - b_1\varphi_1 - b_1\varphi_2 + 2c_1\varphi_2$
	λ_2	$M_2 - S_2 + N_2 - K_2 - c_1\varphi_1 - b_2\varphi_1 - c_1\varphi_2 - b_2\varphi_2$
	λ_3	$M_3 - S_3 + N_3 - c_1\varphi_1 - b_3\varphi_1 - c_1\varphi_2 - b_3\varphi_2$

由表 5-3 的特征值，判断出各点是否稳定并给出稳定条件。其中，括号内的符号表示特征值的正负情况，"s" 表示正负未知，得出均衡点稳定性条件，见表 5-4。

表 5-4　均衡点稳定性条件

均衡点	λ_1	λ_2	λ_3	结果	稳定条件
(0, 0, 0)	0	−	0	不稳定点	/
(0, 1, 0)	+	s	s	不稳定点	/
(0, 1, 1)	+	s	s	不稳定点	/
(1, 0, 0)	0	−	0	不稳定点	/
(1, 1, 0)	−	−	−	ESS	$M_2 + N_2 < S_2 + c_1\varphi_1 + b_2\varphi_1$, $S_3 + c_1\varphi_1 + b_3\varphi_1 + c_1\varphi_2 + b_3\varphi_2 < M_3 + N_3$
(1, 1, 1)	−	−	−	ESS	$M_2 + N_2 < S_2 + K_2 + c_1\varphi_1 + b_2\varphi_1 + c_1\varphi_2 + b_2\varphi_2$, $M_3 + N_3 < S_3 + c_1\varphi_1 + b_3\varphi_1 + c_1\varphi_2 + b_3\varphi_2$

观察表 5-4，显然均衡点 (0, 0, 0)、(0, 1, 0)、(0, 1, 1)、(1, 0, 0) 未满足特征值均为负，因此这些点不可能是稳定演化策略，仅分析均衡点 (1,

1，0)、(1，1，1)。

(1) 当 $\begin{cases} M_2 + N_2 < S_2 + R_2 + c_1\varphi_1 + b_2\varphi_1 \\ S_3 + c_1\varphi_1 + b_3\varphi_1 + c_1\varphi_2 + b_3\varphi_2 < M_3 + N_3 \end{cases}$ 时，系统有演化稳定策略 (1，1，0)。

在这种系统策略条件下，农民合作社有激励政策，对于加工企业，因有激励政策，若加入供应链得到的收益高于其付出的共享信息和配合协调管理的成本，加工企业将倾向于"加入供应链"；对于销售企业，即使有激励政策，若加入供应链的得到的收益少于其付出的共享信息和配合协调管理的成本，销售企业将倾向于"不加入供应链"。

若增加农民合作社因每个节点企业加入供应链而给予农产品的折扣，即增大 c_1 的值，第一个不等式条件 $M_2 + N_2 < S_2 + R_2 + c_1\varphi_1 + b_2\varphi_1$ 依然成立，加工企业不会改变策略；当 c_1 的值增大到一定范围，会使第二个不等式条件 $S_3 + c_1\varphi_1 + b_3\varphi_1 + c_1\varphi_2 + b_3\varphi_2 < M_3 + N_3$ 不再成立，局部演化稳定策略将发生改变，销售企业通过权衡其自身获得的收益大小，选择"不加入供应链"策略的可能性（概率水平）将发生改变，从而可能会影响农民合作社和加工企业的行为选择，使它们改变本来的策略，博弈系统将不再稳定在均衡点（1，1，0）处，演化趋势将会重新得到调整。若增大加工企业因激励政策增加的市场份额 φ_1，第一个不等式条件 $M_2 + N_2 < S_2 + R_2 + c_1\varphi_1 + b_2\varphi_1$ 依然成立，那么加工企业不会改变策略；当数值增大到一定范围，会使第二个不等式条件 $S_3 + c_1\varphi_1 + b_3\varphi_1 + c_1\varphi_2 + b_3\varphi_2 < M_3 + N_3$ 不再成立，局部演化稳定策略将发生改变，销售企业通过权衡其自身获得的收益大小，选择"不加入供应链"策略的可能性（概率水平）将发生改变，从而可能会影响农民合作社和加工企业的行为选择，使它们改变本来的策略，博弈系统将不再稳定在均衡点（1，1，0）处，演化趋势将会重新得到调整。若增大加工企业共享信息的成本 M_2 和配合协调管理的成本 N_2，使不等式关系 $M_2 + N_2 < S_2 + R_2 + c_1\varphi_1 + b_2\varphi_1$ 不再成立，加工企业可能会改变"加入供应链"的策略，若加工企业的行为发生改变，博弈演化系统将不再稳定在均衡点（1，1，0）上。若增大销售企业共享信息的成本 M_3 和配合协调管理的成本 N_3，第二个不等式

条件 $S_3 + c_1\varphi_1 + b_3\varphi_1 + c_1\varphi_2 + b_3\varphi_2 < M_3 + N_3$ 依然成立,销售企业不会改变策略。若增大销售企业因激励政策增加的市场份额 φ_2,当数值不断增大,超过一定范围,会使第二个不等式 $S_3 + c_1\varphi_1 + b_3\varphi_1 + c_1\varphi_2 + b_3\varphi_2 < M_3 + N_3$ 不再成立,销售企业采取"不加入供应链"策略的概率将会受到影响,经过演化,销售企业可能最终会转而选择"加入供应链"策略,销售企业的行为改变,可能也会影响到农民合作社和加工企业的行为决策,具体演化趋势将在仿真部分进一步研究。

通过以上分析,增大农民合作社因每个节点企业加入供应链而给予农产品的折扣、增大加工企业因激励政策而增加的市场份额或减少加工企业共享信息的成本和配合协调管理的成本将会使加工企业选择"加入供应链"策略的积极性更高;增大农民合作社因每个节点企业加入供应链而给予农产品的折扣、增大加工企业因激励政策而增加的市场份额、增大销售企业因激励政策而增加的市场份额或者减少销售企业共享信息成本和配合协调管理的成本将使销售企业更愿意选择"加入供应链"策略。

(2) 当 $\begin{cases} M_2 + N_2 < S_2 + K_2 + c_1\varphi_1 + b_2\varphi_1 + c_1\varphi_2 + b_2\varphi_2 \\ M_3 + N_3 < S_3 + c_1\varphi_1 + b_3\varphi_1 + c_1\varphi_2 + b_3\varphi_2 \end{cases}$ 时,系统有演化稳定策略 (1, 1, 1)。

在这种情况下,农民合作社有激励政策,对于加工企业,因有激励政策,若加入供应链得到的收益和销售企业加入供应链带来的收益之和高于其付出的共享信息和配合协调管理的成本,加工企业将倾向于"加入供应链";对于销售企业,因有激励政策,若加入供应链得到的收益高于其付出的共享信息和配合协调管理的成本,销售企业也将倾向于"加入供应链"。

通过以上对各均衡点稳定性的分析,可以得出随着农民合作社因每个节点企业加入供应链而给予农产品的折扣增大、加工企业因激励政策而增加的市场份额增大、加工企业共享信息的成本和配合协调管理的成本减少,均能提高加工企业选择"加入供应链"策略的积极性;随着农民合作社因每个节点企业加入供应链而给予农产品的折扣增大、加工企业因激励政策而增加的市场份额增大、销售

企业因激励政策而增加的市场份额增大、销售企业共享信息成本和配合协调管理的成本减少，均有利于销售企业选择加入供应链策略。

结合实际对系统的整体收益进行分析，实现帕累托最优是策略集合（1，1，1）。在该战略条件下，农民合作社有激励政策，激励加工企业和销售企业提高客户满意度而增加市场份额，加工企业和销售企业都因加入供应链获得收益，且因为激励政策减少成本，整个系统形成良性循环，整体利益得到提升，从而每个成员都能获得更高的收益。供应链管理注重的是长期稳定、互利互惠的合作原则，实现战略集合（1，1，1）也是供应链发展的要求，因此，需要对各影响因素进行分析，找到使系统实现优化的方法。

第二节 仿真分析与系统优化

本书利用 Matlab R2021a 软件进行编程，实现对农民合作社、加工企业和销售企业行为演化过程的数值模拟，以此更加直观地分析三个主体博弈过程中各影响因素数值变化对各主体行为选择的影响。在复制动态方程中，R_1、R_2、R_3、b_1、M_1、N_1、S_1 和 K_1 这些参数没有出现，对博弈过程没有影响，因此这些参数不予讨论。设博弈主体初始混合策略集为（0.5，0.5，0.5），对均衡点（1，1，0）、（1，1，1）分别进行讨论。

一、对均衡点（1，1，0）仿真分析

根据上一节的研究，当 $\begin{cases} M_2 + N_2 < S_2 + R_2 + c_1\varphi_1 + b_2\varphi_1 \\ S_3 + c_1\varphi_1 + b_3\varphi_1 + c_1\varphi_2 + b_3\varphi_2 < M_3 + N_3 \end{cases}$ 时，系统有稳定策略（1，1，0）。下面对该种情况进行仿真分析，各参数赋值情况见表5-5。

表5-5 均衡点（1，1，0）原始参数赋值

参数	c_1	b_1	b_2	b_3	M_2	M_3	N_2	N_3	S_2	K_2	S_3	φ_1	φ_2
数值	1	8	8	6	180	300	150	180	200	100	150	20	10

根据原始参数，得到博弈演化趋势如图 5-1 所示，此时按照约束条件，博弈系统的均衡策略集为 (1, 1, 0)。对加工企业因与农民合作社建立供应链合作伙伴关系获得好处的货币价值量 S_2 进行调整，从 200 调整到 2000，调整后的博弈演化趋势如图 5-2 所示。

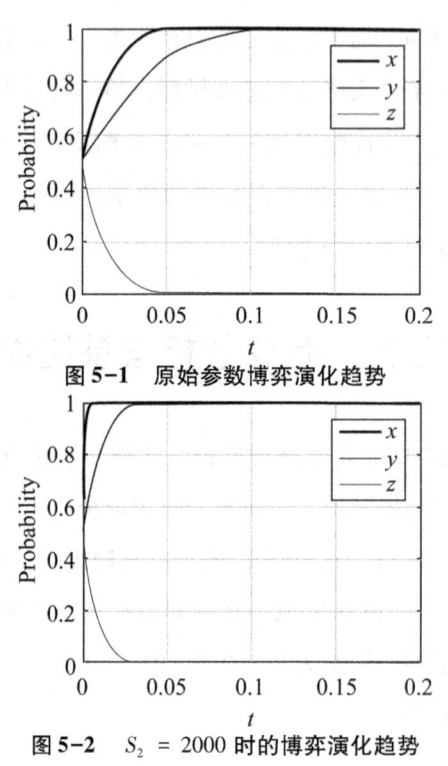

图 5-1 原始参数博弈演化趋势

图 5-2 S_2 = 2000 时的博弈演化趋势

对比图 5-1 和图 5-2，图 5-2 加工企业选择"加入供应链"策略的概率达到 1 的时间更短、速度更快，这是因为随着加工企业因与农民合作社建立供应链合作伙伴关系获得好处的货币价值量增大，加工企业加入供应链获得好处的价值量总和更加大于其付出的成本之和，加工企业更快地选择了"加入供应链"策略，同时也影响了农民合作社和销售企业选择策略的概率。随着加工企业选择"加入供应链"策略的概率不断提高，农民合作社选择"有激励政策"策略的概率和销售企业选择"加入供应链"策略的概率均有所提升。

对加工企业和销售企业信息共享成本（M_2，M_3）进行调整，从（180，300）调整到（100，200）和（50，100），调整后的博弈演化趋势如图 5-3 和图 5-4

所示；或者调整加工企业和销售企业配合协调管理成本（N_2，N_3），从（150，180）调整到（100，80）和（50，20），调整后的博弈演化趋势如图 5-5 和图 5-6 所示。

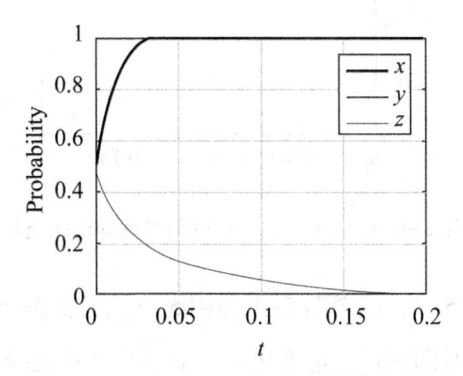

图 5-3　$M_2 = 100$，$M_3 = 200$ 时的博弈演化趋势

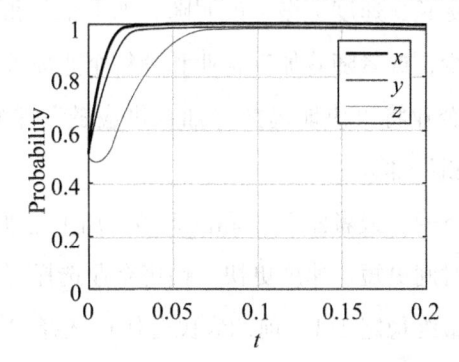

图 5-4　$M_2 = 50$，$M_3 = 100$ 时的博弈演化趋势

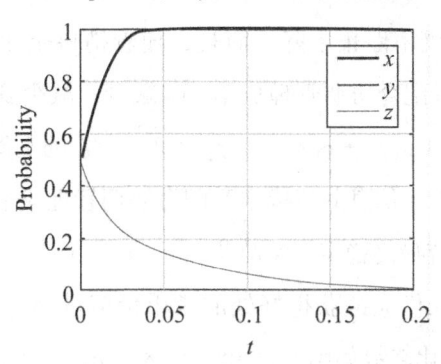

图 5-5　$N_2 = 100$，$N_3 = 80$ 时的博弈演化趋势

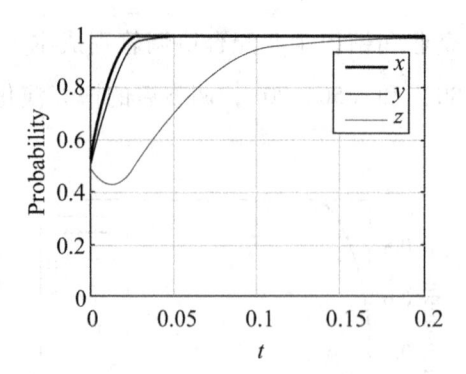

图 5-6 $N_2 = 50$，$N_3 = 20$ 时的博弈演化趋势

对比图 5-1 和图 5-3，或者图 5-4 和图 5-5，加工企业选择"加入供应链"策略的概率达到 1 的时间更短、速度更快，而销售企业选择"加入供应链"策略的概率达到 0 的时间更长、速度更慢，说明随着加工企业和销售企业加入供应链的共享信息成本的减少，或者随着加工企业和销售企业加入供应链的配合协调管理成本的减少，加工企业将更快地选择"加入供应链"策略，销售企业将更慢地选择"不加入供应链"策略。

对比图 5-1 和图 5-4，或者图 5-1 和图 5-6，加工企业选择"加入供应链"策略的概率达到 1 的时间更短、速度更快，销售企业选择"加入供应链"策略的概率先降低但后提升最终稳定于 1，前期农民合作社选择"有激励政策"策略的概率和加工企业选择"加入供应链"策略的概率都提高到 0.8 左右，销售企业选择"加入供应链"的概率停止下降。而且，随着销售企业加入供应链的信息共享成本 M_3 减少，或者配合协调管理成本 N_3 减少，减少到一定程度，破坏了第二个不等式 $S_3 + c_1\varphi_1 + b_3\varphi_1 + c_1\varphi_2 + b_3\varphi_2 < M_3 + N_3$ 的平衡，销售企业加入供应链获得的好处价值量大于信息共享成本和配合协调管理成本之和，最终选择"加入供应链"策略，系统最终稳定于策略集 (1, 1, 1)。

调整销售企业加入供应链获得好处的货币价值量 S_3，从 150 调整到 250 和 300，调整后的博弈演化趋势如图 5-7 和图 5-8 所示。

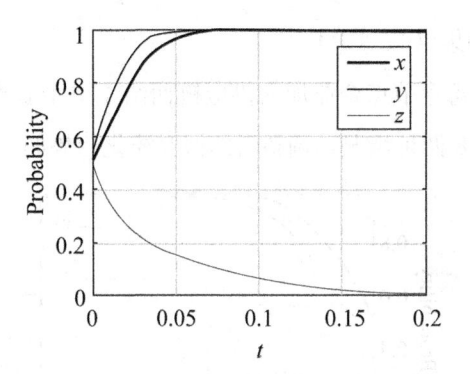

图 5-7　$S_3 = 250$ 时的博弈演化趋势

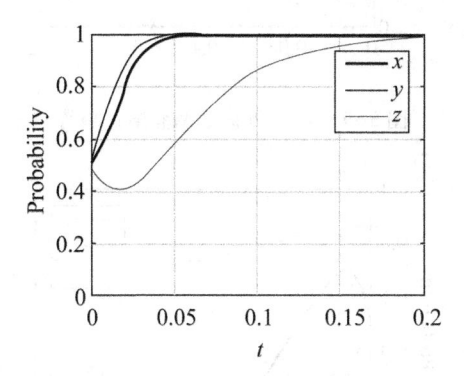

图 5-8　$S_3 = 300$ 时的博弈演化趋势

对比图 5-1 和图 5-7，销售企业选择"加入供应链"策略的概率达到 0 的时间更长、速度更慢，这说明增大销售企业加入供应链获得好处的货币价值量能够令销售企业更慢地达到稳定策略；对比图 5-1 和图 5-8，销售企业加入供应链获得好处的价值量 S_3 增大到 300，其他参数的值保持不变，此时销售企业选择"加入供应链"策略的概率先降低但后提升最终稳定于 1，这是因为前期农民合作社选择"有激励政策"策略的概率和加工企业选择"加入供应链"策略的概率都提高到 0.8 左右，销售企业选择"加入供应链"策略的概率停止下降。并且，随着销售企业加入供应链获得好处的价值量继续增大，增大到一定程度，破坏了第二个不等式 $S_3 + c_1\varphi_1 + b_3\varphi_1 + c_1\varphi_2 + b_3\varphi_2 < M_3 + N_3$ 的平衡，销售企业加入供应链获得的好处价值量大于信息共享成本和配合协调管理成本之和，最终选择"加入供应链"策略，同时也影响了农民合作社和加工企业选择策略的概率，

系统最终稳定于策略集（1，1，1）。

对农民合作社因每个节点企业加入供应链而给予单个农产品的折扣 c_1 进行调整，从1调整到5和8两种情况，调整后的博弈演化趋势如图5-9和图5-10所示。

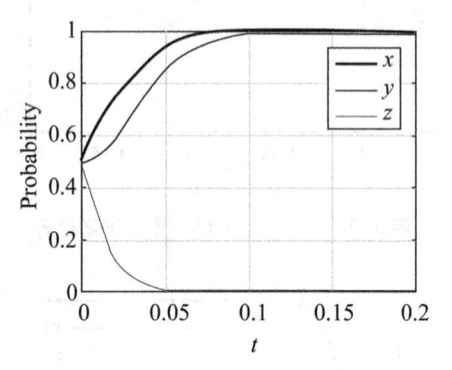

图5-9　c_1 = 5 时的博弈演化趋势

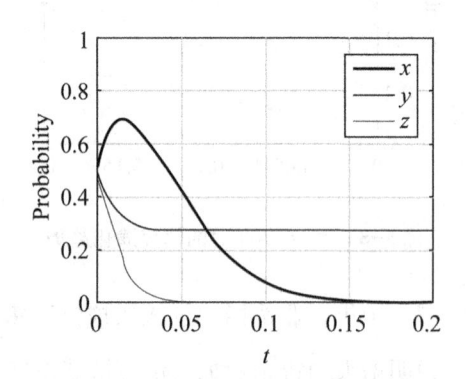

图5-10　c_1 = 8 时的博弈演化趋势

对比图5-1和图5-9，通过增大农民合作社因每个节点企业加入供应链而给予单个农产品的折扣，农民合作社选择"有激励政策"策略的概率达到1的时间更长、速度更慢，加工企业选择"加入供应链"策略的概率达到1的时间更短、速度更快，销售企业选择"加入供应链"策略的概率达到0的时间更长、速度更慢。这是因为随着农民合作社因每个节点企业加入供应链而给予单个农产品的折扣成本增大，未破坏第一个不等式 $M_2 + N_2 < S_2 + R_2 + c_1\varphi_1 + b_2\varphi_1$ 的大小关系，加工企业加入供应链获得好处的价值量总和更加大于其付出的成本之和，加工企业更快地选择"加入供应链"策略。对比图5-1和图5-10，随着给予的折扣增

第五章 以农民合作社为核心组织的农产品供应链构建博弈研究

大到 8，其他参数的值保持不变，此时农民合作社选择"有激励政策"策略的概率降低，同时影响了加工企业和销售企业选择策略的概率，加工企业选择"加入供应链"的策略的概率先提升但后下降，加工企业仍选择"不加入供应链"策略，演化稳定策略发生改变。这是因为随着农民合作社因每个节点企业加入供应链而给予单个农产品的折扣不断增大，$b_1 > 2c_1$ 不再成立，此时农民合作社因每个节点企业加入供应链而给予单个农产品的折扣大于其生产单个农产品的收益，农民合作社选择"有激励政策"策略的概率降低。而且，加工企业因为农民合作社给予的折扣提高，加入供应链获得好处价值量提高，先选择了"加入供应链"策略，但随着农民合作社选择"有激励政策"策略的概率的逐渐降低，影响了加工企业的选择，在农民合作社选择"有激励政策"策略的概率达到最低点后，加工企业选择"加入供应链"策略的概率也达到最低点。

对加工企业加工单个农产品的利润和销售企业销售单个农产品的利润 $b_1 > 2c_1$ 进行调整，从（300，180）调整到（50，30）和（100，60），调整后的博弈演化趋势如图 5-11 和图 5-12 所示；或者调整加工企业和销售企业因激励政策提高客户满意度而增加的市场份额（φ_1，φ_2），从（20，10）调整到（50，30）和（100，60），调整后的博弈演化趋势如图 5-13 和图 5-14 所示。

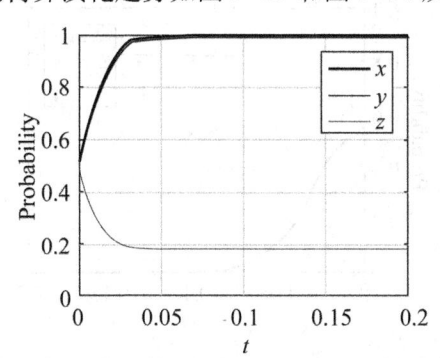

图 5-11 $b_2 = 12$，$b_3 = 10$ 时的博弈演化趋势

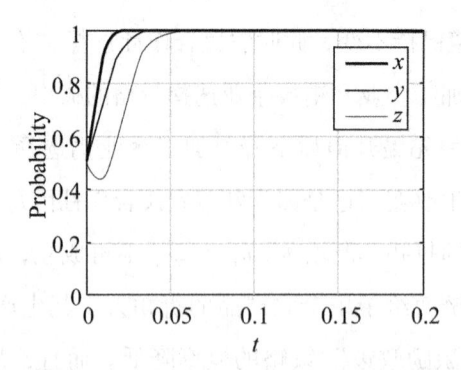

图 5-12　$b_2 = 20$，$b_3 = 15$ 时的博弈演化趋势

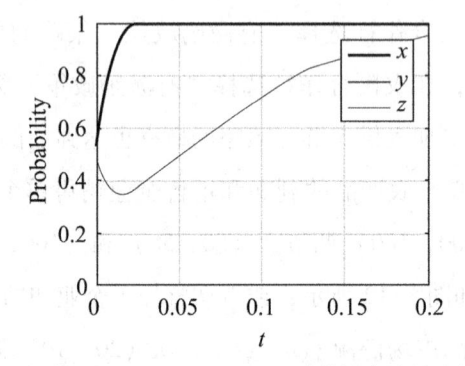

图 5-13　$\varphi_1 = 30$，$\varphi_3 = 20$ 时的博弈演化趋势

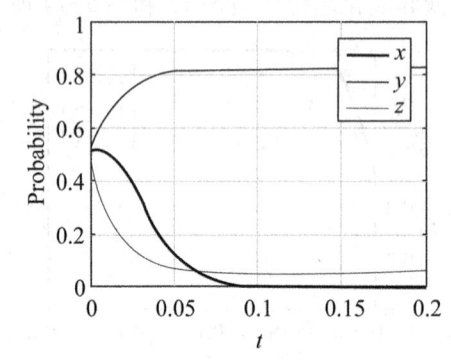

图 5-14　$\varphi_1 = 5$，$\varphi_3 = 35$ 时的博弈演化趋势

对比图 5-1 和图 5-11，通过增大加工企业加工单个农产品的利润和销售企业销售单个农产品的利润，加工企业选择"加入供应链"策略的概率达到 1 的时间更短、速度更快，销售企业选择"加入供应链"策略的概率提高，最终稳定在 0.2 左右。这说明增大加工企业加工单个农产品的利润能够更快地令加

工企业达到稳定策略,因为这些调整都没有破坏第一个不等式 $M_2+N_2<S_2+R_2+c_1\varphi_1+b_2\varphi_1$ 的大小关系,加工企业加入供应链获得好处的价值量总和更加大于其付出的成本之和,加工企业更快地选择"加入供应链"策略。而且,加工企业选择策略的概率影响了农民合作社和销售企业的策略,当农民合作社选择"有激励政策"决策的概率和加工企业选择"加入供应链"策略的概率均稳定为1时,销售企业选择"加入供应链"策略的概率才停止下降,最终稳定在0.2左右;对比图5-1和图5-12,销售企业销售单个农产品的利润增大到15,其他参数的值保持不变,销售企业选择"加入供应链"策略的概率先下降后上升最终稳定于1,这是因为当农民合作社选择"有激励政策"决策的概率和加工企业选择"加入供应链"策略的概率都在0.8左右时,销售企业开始考虑"加入供应链",策略概率停止下降。而且,调整破坏了第二个不等式 $S_3+c_1\varphi_1+b_3\varphi_1+c_1\varphi_2+b_3\varphi_2<M_3+N_3$ 的大小关系,销售企业加入供应链获得的好处高于其需付出的共享信息成本和配合协调管理成本之和,销售企业的行为选择受到影响,选择"加入供应链"策略的概率逐渐提高,所以博弈系统最终稳定在均衡点(1,1,1)处。

对比图5-1和图5-13,通过增大加工企业和销售企业因激励政策提高客户满意度而增加的市场份额,加工企业选择"加入供应链"策略的概率达到1的时间更短、速度更快,销售企业选择"加入供应链"策略的概率先下降后上升,最终稳定在1左右。这说明增大加工企业加工单个农产品的利润能够更快地令加工企业达到稳定策略,因为这些调整都破坏第一个不等式 $M_2+N_2<S_2+R_2+c_1\varphi_1+b_2\varphi_1$ 的大小关系,加工企业加入供应链获得好处的价值量总和更加大于其付出的成本之和,加工企业更快地选择"加入供应链"策略。而且,调整破坏了第二个不等式 $S_3+c_1\varphi_1+b_3\varphi_1+c_1\varphi_2+b_3\varphi_2<M_3+N_3$ 的大小关系,销售企业加入供应链获得好处高于其需付出的成本之和,销售企业选择"加入供应链"策略的概率停止下降,开始上升,最终稳定在1左右。对比图5-1和图5-14,降低加工企业因激励政策提高客户满意度而增加的市场份额到5时,即使农民合作社有激励政策,也破坏了第一个不等式 $M_2+N_2<S_2+R_2+c_1\varphi_1+b_2\varphi_1$ 的大小关系,加工

企业加入供应链获得好处的价值量总和小于其付出的成本之和，加工企业选择"加入供应链"策略的概率降低，最终稳定于0。随着加工企业选择"加入供应链"策略的概率不断降低，农民合作社选择"有激励政策"策略的概率也随之下降，最终稳定于0.8，销售企业即使因激励政策增加的市场份额增加，也因为加工企业退出供应链，选择"加入供应链"策略的概率也下降，最终稳定于0.1。

仿真实验说明，增大加工企业加入供应链获得好处的货币价值量可以促进博弈系统以更快的速度、更短的时间达到稳定均衡点（1，1，0），增大加工企业加工单个农产品收益和销售企业销售单个农产品收益、增大农民合作社因每个节点企业加入供应链而给予单个农产品的折扣、增大加工企业和销售企业因激励政策提高客户满意度而增加的市场份额、减少加工企业和销售企业加入供应链信息共享成本、减少加工企业和销售企业加入供应链配合协调管理成本、增大销售企业因加入供应链获得好处的货币价值量可以促进博弈系统达到稳定均衡点（1，1，1），系统会得到优化。

二、对均衡点（1，1，1）仿真分析

根据上一节的研究，当 $\begin{cases} M_2 + N_2 < S_2 + K_2 + c_1\varphi_1 + b_2\varphi_1 + c_1\varphi_2 + b_2\varphi_2 \\ M_3 + N_3 < S_3 + c_1\varphi_1 + b_3\varphi_1 + c_1\varphi_2 + b_3\varphi_2 \end{cases}$ 时，系统有演化稳定策略（1，1，1）。下面对该种情况进行仿真分析，各参数赋值情况见表5-6。

表5-6 均衡点（1，1，1）原始参数赋值

参数	c_1	b_1	b_2	b_3	M_2	M_3	N_2	N_3	S_2	K_2	S_3	φ_1	φ_2
数值	1	12	10	8	250	200	200	180	200	100	150	20	10

根据原始参数，得到仿真程序结果如图5-15所示，此时按照约束条件，博弈系统的均衡策略集为（1，1，1）。

第五章 以农民合作社为核心组织的农产品供应链构建博弈研究

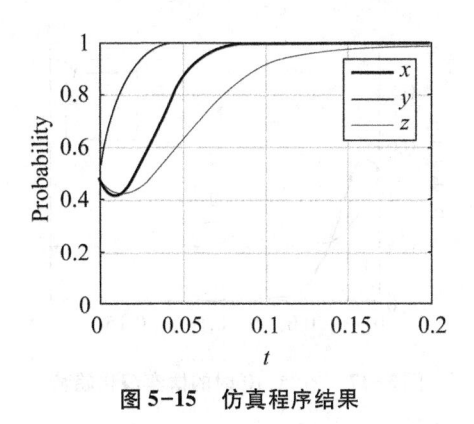

图 5-15 仿真程序结果

由图 5-15 可以看出，农民合作社选择"有激励政策"策略的概率逐渐提高并最终稳定于 1；加工企业和销售企业选择"加入供应链"策略的概率先降低后提高并最终稳定于 1，这是因为前期农民合作社选择"有激励政策"策略的概率还没有提高到能令加工企业和销售企业愿意"加入供应链"的程度。当农民合作社选择"有激励政策"策略的概率到 0.8 左右时，加工企业和销售企业开始选择"加入供应链"；随着农民合作社选择"有激励政策"策略的概率提高，加工企业和销售企业选择"加入供应链"策略的概率也逐渐提高，最终系统稳定于策略集（1，1，1）。

对农民合作社因每个节点企业加入供应链而给予单个农产品的折扣 c_1 进行调整，从 1 调整到 5 和 10，调整后的博弈演化趋势如图 5-16 和图 5-17 所示。

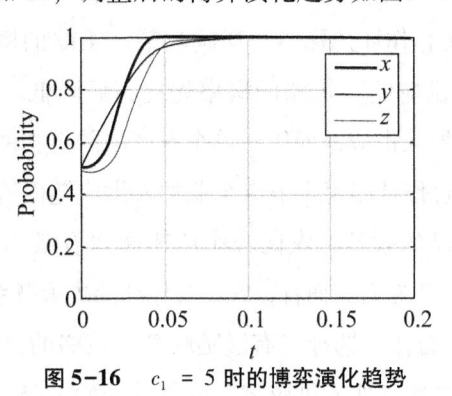

图 5-16 $c_1 = 5$ 时的博弈演化趋势

图 5-17 $c_1 = 10$ 时的博弈演化趋势

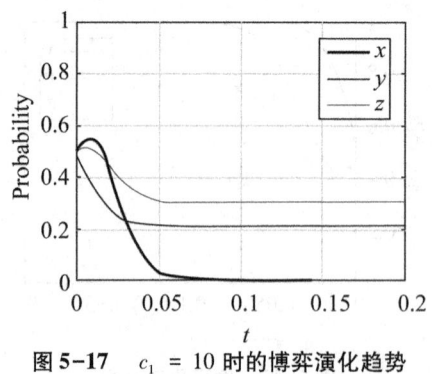

对比图 5-15 和图 5-16，农民合作社选择"有激励政策"策略的概率达到 1 的时间延长、速度减慢，加工企业和销售企业选择"加入供应链"策略的概率达到 1 的时间更短、速度更快，说明增大农民合作社因每个节点企业加入供应链而给予单个农产品的折扣会减慢农民合作社达到稳定策略的速度，但会令加工企业和销售企业更快地达到稳定策略。这是因为随着农民合作社因每个节点企业加入供应链而给予单个农产品的折扣的增大，农民合作社选择"有激励政策"策略即使仍会得到收益，但付出的成本会提高，加工企业和销售企业选择"加入供应链"获得好处的价值量提高，因此，农民合作社更慢地选择"有激励政策"策略，加工企业和销售企业则会更快地选择"加入供应链"策略。但随着农民合作社因每个节点企业加入供应链而给予单个农产品的折扣的值继续增大，从 1 增大到 10，其他参数的值保持不变，演化稳定策略将发生改变，博弈演化趋势如图 5-17 所示，农民合作社选择"有激励政策"策略的概率降低，加工企业和销售企业选择"加入供应链"策略的概率先提高后降低。这是因为随着农民合作社因每个节点企业加入供应链而给予单个农产品的折扣的值继续增大，$b_1 > 2c_1$ 不再成立，此时农民合作社因每个节点企业加入供应链而给予单个农产品的折扣大于其生产单个农产品的收益，农民合作社选择"有激励政策"策略的概率逐渐降低，最终稳定在 0.2 左右。而且，农民合作社的决策概率也影响加工企业和销售企业的选择，当农民合作社选择"有激励政策"策略的概率降低到 0.4 左右时，加工企业和销售企业选择"加入供应链"的概率开始下降，最终加工企业决策的概率稳定于 0，销售企业决策的概率稳定于 0.3 左右，最终系统稳定于策略集 (0.2, 0, 0.3)。

第五章 以农民合作社为核心组织的农产品供应链构建博弈研究

将加工企业和销售企业加入供应链的共享信息成本（M_2，M_3）进行调整，从（250，200）减少到（150，100）；或者减少加工企业和销售企业加入供应链的配合协调管理成本（N_2，N_3），从（200，180）调整到（100，80）；或者增大加工企业加工单个农产品的利润和销售企业销售单个农产品的利润（b_2，b_3），从（12，10）调整到（15，12）；或增大加工企业和销售企业因加入供应链获得好处的货币价值量（S_2，S_3），从（200，150）调整到（300，250）；或者增大加工企业和销售企业因激励政策而增加的市场份额（φ_1，φ_2），从（20，10）调整到（25，15），经过仿真程序验证，以上调整方式得到的效果图均为图5-18显示的效果。增大加工企业因销售企业加入供应链获得好处的货币价值量K_2，从100调整到300，调整后的博弈演化趋势如图5-19所示。

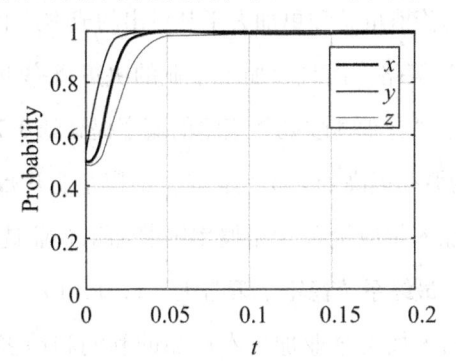

图5-18 调整后的博弈演化趋势

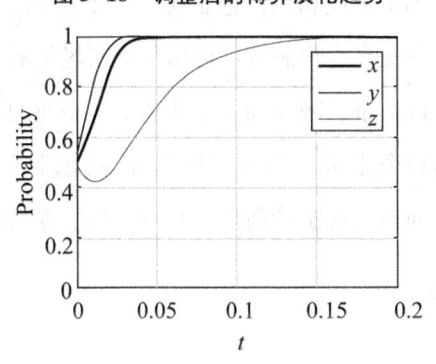

图5-19 $K_2 = 300$时的博弈演化趋势

对比图5-15和图5-18，可以发现加工企业和销售企业选择"加入供应链"策略概率达到1的时间更短、速度更快，因为这些调整方式都没有破坏不

等式组 $\begin{cases} M_2 + N_2 < S_2 + K_2 + c_1\varphi_1 + b_2\varphi_1 + c_1\varphi_2 + b_2\varphi_2 \\ M_3 + N_3 < S_3 + c_1\varphi_1 + b_3\varphi_1 + c_1\varphi_2 + b_3\varphi_2 \end{cases}$ 的大小关系，加工企业和销售企业加入供应链获得好处的价值量总和更加大于其付出的成本之和，加工企业和销售企业更快地选择"加入供应链"策略，这也影响着农民合作社的选择，农民合作社也会更快地选择"有激励政策"策略，博弈系统更快达到均衡点（1，1，1）。

对比图5-15和图5-19，加工企业选择"加入供应链"策略的概率达到1的时间更短、速度更快，因为增大加工企业因销售企业加入供应链获得好处的货币价值量没有破坏第一个不等式 $M_2 + N_2 < S_2 + K_2 + c_1\varphi_1 + b_2\varphi_1 + c_1\varphi_2 + b_2\varphi_2$，加工企业加入供应链获得好处的价值量总和更加大于其付出的成本之和，所以加工企业更快地选择"加入供应链"策略。而且，加工企业的决策概率也影响了销售企业的选择，当农民合作社选择"有激励政策"策略的概率提高到0.7左右，加工企业选择"加入供应链"策略的概率提高到0.6左右时，销售企业开始选择"加入供应链"，并且销售企业选择"加入供应链"策略概率随着加工企业选择"加入供应链"策略概率的提高而提高，最终系统稳定于策略集（1，1，1）。

仿真实验说明，增大加工企业加工农产品的利润和销售企业销售农产品的利润、增大因加入供应链加工企业和销售企业获得好处的货币价值量、增大加工企业和销售企业因激励政策而提高客户满意度而增加的市场份额、增大加工企业因加入供应链获得好处的货币价值量、减少加工企业和销售企业加入供应链的共享信息成本与减少加工企业和销售企业加入供应链的配合协调管理成本都会促进博弈系统以更快的速度、更短的时间达到稳定均衡点（1，1，1），系统将得到优化。

三、博弈总结

通过农民合作社、加工企业和销售企业在农产品供应链的构建中三个利益相关方之间决策复制动态分析、演化稳定性分析和数值仿真结果分析，得出以下主要结论。

（1）根据决策复制动态分析可知：农民合作社采取有激励政策策略的概率

第五章 以农民合作社为核心组织的农产品供应链构建博弈研究

与加工企业采取加入供应链策略的概率和销售企业采取加入供应链策略的概率相关;加工企业采取加入供应链策略的概率与农民合作社采取有激励政策策略的概率和销售企业采取加入供应链策略的概率相关;销售企业采取加入供应链策略的概率与农民合作社采取有激励政策策略的概率和加工企业采取加入供应链策略的概率相关。具体来说,就是农民合作社、加工企业和销售企业选择策略的概率互相影响。

(2) 根据演化稳定性分析可知:系统有两个稳定点(1,1,0)和(1,1,1),理想状态的策略为(1,1,1)。三方达到理想状态需要同时满足两个条件:①加工企业采取加入供应链策略获得的加入供应链收益价值量、因销售企业也加入供应链获得的收益价值量与农民合作社有激励政策带来的折扣价值量之和,要大于加工企业加入供应链的信息共享成本与配合协调管理成本之和;②销售企业采取加入供应链策略获得的收益价值量与农民合作社有激励政策带来的折扣价值量之和,要大于销售企业加入供应链的信息共享成本与配合协调管理成本之和。

(3) 根据数值仿真结果分析可知,三方向理想状态演化过程表现为:①农民合作社采取因每个节点企业加入供应链而给予单个农产品的低折扣、中折扣、高折扣,逐渐加快加工企业和销售企业两方的演化系统收敛速度,逐渐减慢农民合作社的演化系统收敛速度;②随着加工企业加工农产品的利润和销售企业销售农产品的利润的增大,加工企业和销售企业两方的演化系统收敛速度加快,收敛到理想状态所需要的时间减少;③随着加工企业和销售企业的信息共享成本与配合协调管理的成本的减少,加工企业和销售企业两方的演化系统收敛的速度加快,收敛到理想状态需要的时间减少;④随着因加入供应链加工企业和销售企业获得好处的货币价值量的增大,三方的演化系统收敛的速度加快,收敛到理想状态需要的时间减少,并且随着加工企业因销售企业加入供应链获得好处的货币价值量的增大,加工企业演化系统收敛的速度加快;⑤随着因加工企业和销售企业加入供应链而增加的市场份额的增大,三方的演化系统收敛的速度加快,收敛到理想状态所需要的时间减少。

第六章
农民合作社主导农产品供应链的利益协调机制研究

第一节 利益协调影响因素分析

一、利益协调影响因素识别

(一)基于文献研究法的利益协调影响因素指标集初建

为了科学构建供应链主体利益协调影响因素模型,首先需要识别出以农民合作社为核心组织的农产品供应链利益协调影响因素。影响农产品供应链利益协调的因素复杂,可选取的利益协调影响因素指标也比较庞杂。为了保证以农民合作社为核心组织的农产品供应链主体利益协调影响因素的全面性,使构建的农产品供应链利益协调关键因素指标体系有较高的可行性和可信性,本书采用文献研究法对利益协调影响因素进行识别。文献研究法是对收集到的文献资料进行研究分析,高质量期刊所收录的文献更具说服力,相关内容也更加贴近实际。本书对文献进行分析整理,选取其中有关农产品供应链利益协调的影响因素,见表6-1,表中的"√"表示对应学者研究了相应的影响因素。

表6-1 相关文献中农产品供应链利益协调影响因素整理

序号	学者	影响因素					
		投入成本	努力程度	风险承担	创新能力	产品竞争力	贡献程度
1	綦方中	√		√			

续表

序号	学者	影响因素					
		投入成本	努力程度	风险承担	创新能力	产品竞争力	贡献程度
2	李 岩	√	√	√	√		
3	周业付	√		√		√	
4	周业旺	√	√				√
5	滕 郑	√		√		√	
6	吴竞鸿	√		√			√
7	王 莉		√	√		√	√
8	杨怀珍	√		√	√		
9	孟 莹	√		√			
10	史彦飞	√	√	√	√	√	
11	邓 磊	√					
12	王红春	√	√	√	√		√
13	许 可	√			√		
14	邵小十	√	√	√			
15	宋新峰	√	√	√	√		

本书通过梳理和分析有关农产品供应链利益协调的研究成果,将农产品供应链利益协调影响因素初始指标划分为两个层级。第一个层级为初始一级指标,包括四个维度:成本投入、贡献程度、努力程度和风险承担。根据一级指标类别划分与之相衔接的二级指标共 15 个。这两个层级的因素指标共同构成了初始的以农民合作社为核心组织的农产品供应链利益协调影响因素指标体系,两个层级的指标体系具体内容见表 6-2。

表 6-2 初始的以农民合作社为核心组织的农产品供应链利益协调影响因素指标体系

一级指标	二级指标
成本投入	生产运营投入
	开发管理投入
	品牌投入
贡献程度	产品质量
	产品特色度
	产品增值度

续表

一级指标	二级指标
努力程度	生产效率
	品牌地位
	技术能力
	运营能力
风险承担	市场风险
	生产风险
	质量安全风险
	合作风险
	信息风险

（二）供应链主体利益协调影响因素指标的修改与确立

为了使构建的以农民合作社为核心组织的农产品供应链利益协调影响因素指标更加全面、科学、严谨，本书拟采用德尔菲法结合问卷的形式对基于文献研究法初步设计的指标进行适当调整与修改。Dominguez 指出，将访谈的专家总人数控制在 20 以内，结果更为可靠，能够避免对一些需要讨论的问题产生不必要的争执。根据研究内容，本书邀请了黑龙江省 4 名农民合作社负责人、3 名相关企业管理者、3 名"农产品供应链"研究领域的学者等共 10 名专家组成利益协调影响因素指标评审小组，向这些专家学者发放供应链利益协调影响因素指标体系构建意见问卷，问卷内容见附录 9，且要求他们结合自身工作经验和掌握的专业知识对各项指标进行第一轮斟酌，对需要修改的指标提出相关意见；之后，对第一轮的问卷调查结果中的利益协调影响因素指标进行修改，并将修改后的指标以问卷的形式再次发给每位专家进行咨询，修改意见问卷内容见附录 10，专家根据新的意见再次修改；如此反复，经过多轮分析和整理，直至 10 位专家达成一致的意见。

利益协调影响因素指标的修改内容总结如下。

初步设计的指标框架分别是成本投入、贡献程度、努力程度和风险承担，根据专家修改意见,将这些指标名称修改为资金投入、贡献程度、努力程度和风险承担。其原因是这样表达使意思更加严谨合理。其中,将"成本投入"改成"资金投入"主要是因为在供应链生产运营中资金不一定全都用于成本方面的开销。另外,专家建议将"努力程度"所衔接的二级指标中的"生产效率"删掉,原因是其中的"运营能力"也包含了生产效率。综合以上意见对初始设定的指标进行整改,最终构建的以农民合作社为核心组织的农产品供应链利益协调影响因素指标包含一级指标4个,二级指标14个,见表6-3。

表6-3 以农民合作社为核心组织的农产品供应链利益协调影响因素指标

目标层	准则层	因素指标层
利益协调影响因素	资金投入	生产运营投入
		开发管理投入
		品牌投入
	贡献程度	产品增值度
		产品质量
		产品特色度
	努力程度	品牌地位
		技术能力
		运营能力
	风险承担	市场风险
		生产风险
		质量安全风险
		合作风险
		信息风险

(三)以农民合作社为核心组织的农产品供应链的利益协调影响因素释义

1. 资金投入

关于农产品供应链各参与主体收益的分配,资金投入作为定量指标,比其他定性指标显得更为直观。资金投入是供应链利益协调必须考虑的重要因素。该一级指标对应的二级指标细化了资源投入的具体内容，主要包括生产运营投入、开发管理投入和品牌投入。

（1）生产运营投入：维持企业正常运营所需要的费用。供应链各利益主体之间的生产运营投入存在较大差别。

（2）开发管理投入：供应链管理经营和生产所需的费用。包括固定资产折旧费、无形资产开销以及其他各自经费。

（3）品牌投入：为推出品牌所投入的物力、人力和财力，主要包括科研投入、营销投入、包装投入。其中，农民合作社对品牌的投入较多。

2. 贡献程度

贡献程度是指在供应链生产运营过程中各参与主体对供应链整体所作出的贡献情况，主要包括产品增值度、产品质量和产品特色度。

（1）产品增值度：农产品在供应链的流通过程中，经过供应链各环节时，各利益主体时所创造的额外价值。

（2）产品质量：保证农产品供应链利润非常重要的方面，农民合作社处在供应链的生产环节，如果产品质量不把关，不合格的农产品流入市场就会严重影响消费者的购买体验，合作社形象同样也会受到严重影响，甚至导致农产品滞销。

（3）产品特色度：对于特色农产品来说，其特色水平一定程度上决定了产品的市场价值。在以农业合作社占主导地位的农产品供应链中，农产品的特色度尤为重要，提高农产品特色度能有效提升供应链利润，且农产品的产品特色度主要依靠农民合作社来实现完成。

3. 努力程度

由于各利益主体的经营管理水平、核心竞争力等方面的差异，可能存在投入最多的主体对供应链贡献未必最大。努力程度主要包括品牌地位、技术能力和运营能力。

（1）品牌地位：产品品牌有助于稳固消费群体，能够取得消费者信赖，提升产品知名度,形成市场竞争优势。

(2)技术能力:供应链参与主体在生产制造、物流服务及资源管理方面的能力,以实现技术活动与技术创新。

(3)运营能力:通过资源高效配置保证供应链稳定高效运营的手段和能力,运营能力低下可能会导致供应链运营成本过高、效率偏低。

4. 风险承担

供应链中任何决策者在采取行动之前都会权衡利弊,不仅要考虑采取该行动带来的利润,也同样需要考虑与之相对应的风险。风险承担主要包括市场风险、生产风险、质量安全风险、合作风险和信息风险。

(1)市场风险:农产品市场价格、需求受经济环境、自然因素以及其他市场风险的影响而产生的波动。

(2)生产风险:原始物料经采购、生产加工等环节形成成品,再经销售等流通环节递送到消费者手中,并产生物流、信息流、价值流等,整个过程涉及包装储存、配送流通、信息处理等,都可能产生风险,从而影响供应链正常运营。

(3)质量安全风险:产品的质量会影响企业的信誉和收益。质量安全问题是保证农产品供应链利润非常重要的方面,产品质量的好坏直接决定了产品能不能在市场上立足。

(4)合作风险:供应链中各方在合作中同样存在关系破裂的风险,这主要源于各利益主体的观念及市场战略的差异。

(5)信息风险:供应链参与主体间信息交流不通畅所带来的风险。整个供应链中的合作成员如果都愿意共享自己掌握的有效信息,那么该供应链上的成员合作获得的合作总收益会高于所有成员单独经营收益的总和。

二、利益协调影响因素权重确定

(一)构建递阶层次结构模型

对照层次分析法的操作步骤,应当把指标划分层级,按照之前确立的各指标之间的隶属关系将以农民合作社为核心组织的农产品供应链利益协调影响因素指标体系划分成目标层、准则层与指标层。具体情况见表6-4。

表6-4 以农民合作社为核心组织的农产品供应链利益协调影响因素指标

目标层	准则层	指标层
利益协调影响因素 A	资金投入 B_1	生产运营投入 C_1
		开发管理投入 C_2
		品牌投入 C_3
	贡献程度 B_2	产品增值度 C_4
		产品质量 C_5
		产品特色度 C_6
	努力程度 B_3	品牌地位 C_7
		技术能力 C_8
		运营能力 C_9
	风险承担 B_4	市场风险 C_{10}
		生产风险 C_{11}
		质量安全风险 C_{12}
		合作风险 C_{13}
		信息风险 C_{14}

表6-4中，A 为供应链的利益协调影响因素，B_1 为各参与主体在供应链运作过程中的资金投入，B_2 为各参与主体在供应链运作过程中的贡献程度，B_3 为各参与主体在供应链运作过程中的努力程度，B_4 为各参与主体在供应链运作过程中的风险承担，C_1 为生产运营投入，C_2 为开发管理投入，C_3 为品牌投入，C_4 为产品增值度，C_5 为产品质量，C_6 为产品特色度，C_7 为品牌地位，C_8 为技术能力，C_9 为运营能力，C_{10} 为市场风险，C_{11} 为生产风险，C_{12} 为质量安全风险，C_{13} 为合作风险，C_{14} 为信息风险。

（二）一级指标权重的计算

邀请前期评审小组的10名专家成员对所选取的利益协调一级指标进行相对重要性打分，各评分表见附录11。对10份问卷的评分结果取平均值，计算得出一级指标判断矩阵，见表6-5。

表6-5 一级指标判断矩阵

A	B_1	B_2	B_3	B_4
B_1	1	3	5	1
B_2	1/3	1	3	1
B_3	1/5	1/3	1	1/5
B_4	1	1	5	1

根据本书第一章第二节所述方法（沿用所有变量及其含义，下文同），计算得出一级指标权重，见表6-6。

表6-6 一级指标权重

A	B_1	B_1	B_1	B_4	M_{B_i}	$\overline{W}_{B_i}$	W_{B_i}
B_1	1	3	5	1	15.0000	1.9680	0.4017
B_2	1/3	1	3	1	1.6667	1.1362	0.2319
B_3	1/5	1/3	1	1/5	0.0080	0.2991	0.0611
B_4	1	1	5	1	5.0000	1.4953	0.3053
求和						4.8986	1.0000

根据表6-6可得，$\lambda_{max}=4.1533$，$C \cdot I=(\lambda_{max}-n)\div(n-1)=0.0511$，$C \cdot R=(C \cdot I)\div(R \cdot I)=0.06<0.1$，通过一致性检验。

根据表6-6的内容，按照权重值的大小将一级指标排序得到的结果为："资金投入""风险承担"并列居于首位，其后顺次为"贡献程度""努力程度"，这就说明"资金投入"与"风险承担"这两个因素对供应链参与主体利益协调起到较强的影响作用。

（三）二级指标权重的计算

同理，计算利益协调的二级指标权重的方法与上述方法一致。首先，构建每个一级指标所衔接的二级指标相对重要性的判断矩阵；然后，求解每个二级指标的权重，并进行一致性检验。

1. 资金投入对应的二级指标权重值计算

资金投入（B_1）对应3个二级指标，其权重计算结果，见表6-7。

表 6-7 资金投入层次下的二级指标权重

B_1	C_1	C_2	C_3	M_{B_i}	$\overline{W}_{B_i}$	W_{B_i}
C_1	1	7	3	21.0000	2.7589	0.6817
C_2	1/7	1	1/2	0.7014	0.4149	0.1025
C_3	1/3	2	1	0.8736	0.8736	0.2158
求和					4.0474	1.0000

根据表 6-7 可得,$\lambda_{max}=3.0026$,$C \cdot I=(\lambda_{max}-n)\div(n-1)=0.0026$,$C \cdot R=(C \cdot I)\div(R \cdot I)=0.0029<0.1$,通过一致性检验。

2. 贡献程度对应的二级指标权重值计算

贡献程度 (B_2) 对应 3 个二级指标,其权重计算结果见表 6-8。

表 6-8 贡献程度下的二级指标权重

B_2	C_4	C_5	C_6	M_{B_i}	$\overline{W}_{B_i}$	W_{B_i}
C_4	1	7	1	7.0000	1.9129	0.4869
C_5	1/7	1	1/5	0.0286	0.3057	0.0778
C_6	1	5	1	5.0000	1.7100	0.4353
求和					3.9286	1.0000

根据表 6-8 可得,$\lambda_{max}=3.0126$,$C \cdot I=(\lambda_{max}-n)\div(n-1)=0.0063$,$C \cdot R=(C \cdot I)\div(R \cdot I)=0.0071<0.1$,通过一致性检验。

3. 努力程度对应的二级指标权重值计算

贡献程度 (B_3) 对应 3 个二级指标,其权重计算结果见表 6-9。

表 6-9 努力程度下的二级指标权重

B_3	C_7	C_8	C_9	M_{B_i}	$\overline{W}_{B_i}$	W_{B_i}
C_7	1	1	3	3	1.4422	0.4054
C_8	1	1	3	5	1.7100	0.4806
C_9	1/3	1/3	1	0.0667	0.4055	0.1140
求和					3.5577	1.0000

根据表 6-9 可得,$\lambda_{max}=3.0291$,$C \cdot I=(\lambda_{max}-n)\div(n-1)=0.0146$,$C \cdot R=(C \cdot I)\div(R \cdot I)=0.0163<0.1$,通过一致性检验。

4. 风险承担对应的权重值计算

承担风险（B_4）对应5个二级指标，这5个二级指标权重计算结果见表6-10。

表6-10 风险承担下的二级指标权重

B_4	C_{10}	C_{11}	C_{12}	C_{13}	C_{14}	M_{B_i}	$\overline{W}_{B_i}$	W_{B_i}
C_{10}	1	1	7	3	3	63.0000	2.2902	0.3517
C_{11}	1	1	7	3	3	63.0000	2.2902	0.3517
C_{12}	1/7	1/7	1	1/5	1/5	0.0008	0.2402	0.0369
C_{13}	1/3	1/3	5	1	1	0.5555	0.8891	0.1365
C_{14}	1/3	1/5	5	1	1	0.3333	0.8027	0.1232
求和							6.2722	1.0000

根据表6-10可得，$\lambda_{\max}=5.0260$，$C \cdot I=(\lambda_{\max}-1)\div(n-1)=0.0065$，$C \cdot R=(C \cdot I)\div(R \cdot I)=0.0058<0.1$，通过一致性检验。

（四）指标合成权重计算

根据表6-6至表6-10，由式（1-13）计算得到各层级指标的合成权重，将计算结果汇总得到以农民合作社为核心组织的农产品供应链利益协调影响因素指标权重值，见表6-11。

表6-11 利益协调影响因素指标及其权重

一级指标	指标权重	二级指标	指标权重	层次总排序
资金投入 B_1	0.4017	生产运营投入 C_1	0.6817	0.2738（1）
		开发管理投入 C_2	0.1025	0.0502（7）
		品牌投入 C_3	0.2158	0.0867（6）
贡献程度 B_2	0.2319	产品增值度 C_4	0.4869	0.1129（2）
		产品质量 C_5	0.0778	0.0180（12）
		产品特色度 C_6	0.4353	0.1009（3）
努力程度 B_3	0.0611	品牌地位 C_7	0.4054	0.0248（11）
		技术能力 C_8	0.4806	0.0293（10）
		运营能力 C_9	0.1140	0.0007（14）
风险承担 B_4	0.2853	市场风险 C_{10}	0.3517	0.1003（4）
		生产风险 C_{11}	0.3517	0.1003（5）
		质量安全风险 C_{12}	0.0369	0.0105（13）
		合作风险 C_{13}	0.1365	0.0389（8）
		信息风险 C_{14}	0.1232	0.0352（9）

第二节 利益协调模型构建

一、以农民合作社为核心组织的农产品供应链利益协调原则

利益分配问题是农产品供应链合作成员间最容易出现矛盾的问题,其解决的关键是制订一个供应链各参与主体均认同且满意度较高的利益协调方案。以农民合作社为核心组织的农产品供应链涉及多方主体利益,在利益分配问题上显得较为繁杂。而合理的收益分配方案是保障以农民合作社为核心组织的农产品供应链稳定运营的前提,是提升以农民合作社为核心组织的农产品供应链合作积极性的关键,在确定利益协调方案时需遵守个体理性、团体理性、信息透明、奖惩分明、风险共担和科学分配等原则。

(一) 个体理性原则

农产品供应链形成合作联盟的前提是有利可"图",也就是说,供应链各参与主体在加入供应链形成合作联盟后能获得比单独运营更多的收益。如果参与主体加入供应链合作之后分得的收益低于单独运营时所得的收益,那么该参与主体就会选择不加入供应链。可以用函数表示为:

$$\pi_i^X \geq \pi_i^Y \qquad (6-1)$$

式中:π_i^X——成员 i 参与供应链合作所分得的收益;

π_i^Y——参与主体 i 单独运营时所得的收益;

N——参与主体总数,$i=1,2,\cdots,N$。

(二) 团体理性原则

团体理性原则表示当所有参与主体进行合作时,供应链整体收益大于供应链

各参与主体单独运营时所得的收益之和；反之，供应链参与主体将不进行合作。可以用函数表示为：

$$\sum_{i=1}^{N} \pi_i^X \geqslant \sum_{i=1}^{N} \pi_i^Y \qquad (6-2)$$

式中：$\sum_{i}^{N} \pi_i^X$ ——供应链所有参与主体合作时所得的总收益；

$\sum_{i}^{N} \pi_i^Y$ ——供应链所有参与主体单独运营时所得的收益之和；

N——参与主体总数。

（三）信息透明原则

在农产品供应链运行过程中，信息不通畅或信息不对等都有可能会引起各参与主体间冲突，进而影响供应链日常运营，因此，在制订利益协调方案时应该秉持信息透明原则，减少信息不通畅带来的不利影响。在多方监管的前提下使利益分配更加合理，从源头处减少农产品供应链各参与主体间的不信任。

（四）奖惩分明原则

奖惩分明原则的本质是调动供应链各参与主体的积极性，提高供应链整体的生产运行效率。它要求供应链各参与主体严格遵守利益分配规则，约束自我行为。设立科学合理的奖惩制度有助于对作出积极贡献的合作成员进行嘉奖，对违背规则的合作成员进行处罚，保障以农民合作社为核心组织的农产品供应链利益协调机制的公平性。

（五）风险共担原则

风险共担原则指的是农产品供应链合作联盟的各参与主体在合作中所面临的风险，以及各参与主体为了供应链整体利益而牺牲自身利益所承担的风险应当由供应链合作整体共同分担，形成长期合作的利益共同体，以提升供应链整体的稳定性。

（六）科学分配原则

结合实际情况和相关基础理论方法制订农产品供应链各参与主体利益协调方案时，不能依靠主观思维盲目进行决策，也不能按照供应链参与主体市场规模或资金投入来分配收益，科学、合理的分配方案是供应链成员合作的前提。

二、基于 Stackelberg 博弈的以农民合作社为核心组织的农产品供应链成员收益分析

（一）模型描述

1. 问题描述

在由农民合作社、加工企业、销售企业组成的农产品供应链中，供应链各参与主体联结在一起，合作创造供应链整体最大收益。然而，在供应链实际运营中，供应链各参与主体主要通过市场份额和资金投入来分配供应链整体收益，较少依据各参与主体对供应链的贡献程度大小对供应链收益进行分配，供应链收益分配方案不够合理，影响了供应链各参与主体的积极性和供应链整体的稳定性。因此，以农民合作社为核心组织的农产品供应链各参与主体亟须建立一个科学、合理的农产品供应链利益协调机制。

2. 基本假设

（1）农民合作社根据特色农产品的市场销量需求信息来生产特色农产品，特色农产品是具有文化内涵或历史背景的产品，取决于当地自然地理和人文环境等独特的资源禀赋，具有显著的地理和区域特征。因此，特色农产品的产品特色度主要是通过供应链生产端的农民合作社来实现。

（2）农产品供应链各利益主体行为均为有限理性、风险中性，且在特色农产品的生产经营过程中供应链参与主体追求利益最大化。特色农产品在市场上供需稳定，不存在缺货的情况。特色农产品的市场销量需求函数为：

$$D = \theta - up_r \tag{6-3}$$

式中：D——特色农产品的市场需求；

θ——特色农产品的市场潜在需求；

u——特色农产品的价格敏感系数。

（3）销售企业采购特色农产品的单位批发价格为 p_m、销售特色农产品的单位销售价格为 p_r，加工企业采购特色农产品的单位批发价格为 p_f，特色农产品的单位生产成本、单位加工成本、单位销售成本分别为 c_f、c_m、c_r，农民合作社的利润为 π_f，加工企业的利润为 π_m，销售企业的利润为 π_r。为方便计算，假设农产品的运输成本和库存成本包含在采购价格中，不单独计算。模型涉及的相关参数及其说明汇总见表6-12。

表6-12 模型参数及其说明

模型参数	模型参数说明
p_f	加工企业采购特色农产品的单位批发价格
p_m	销售企业采购特色农产品的单位批发价格
p_r	销售企业销售特色农产品的单位销售价格
$p_{f,m}$	农民合作社和加工企业合作联盟下销售企业的单位批发价格
$p_{m,r}$	加工企业和销售企业合作联盟下农民合作社的单位销售价格
$p_{f,m,r}$	供应链整体合作确定销售特色农产品的单位批发价格
c_f	特色农产品的单位生产成本
c_m	特色农产品的单位加工成本
c_r	特色农产品的单位销售成本
π_f	农民合作社的利润
π_m	加工企业的利润
π_r	销售企业的利润
$\pi_{f,m}$	农民合作社和加工企业的合作利润
$\pi_{f,r}$	农民合作社和销售企业的合作利润
$\pi_{m,r}$	加工企业和销售企业的合作利润
$\pi_{f,m,r}$	农产品供应链整体利润
D	特色农产品的市场需求
θ	特色农产品的市场潜在需求
u	特色农产品的价格敏感系数

农民合作社的利润函数为：

$$\pi_f = (p_f - c_f) \times D \qquad (6-4)$$

加工企业的利润函数为:

$$\pi_m = (p_m - p_f - c_m) \times D \qquad (6-5)$$

销售企业的利润函数为:

$$\pi_r = (p_r - p_m - c_r) \times D \qquad (6-6)$$

供应链整体合作的利润函数为:

$$\pi_{f,m,r} = (p_r - c_f - c_m - c_r) \times D \qquad (6-7)$$

(二) 参与主体非合作

当农产品供应链上的三个参与主体相互独立,不进行合作时,农民合作社掌握着特色农产品定价的主动权,在供应链中处于主导地位。农民合作社是供应链的领导者,加工企业和销售企业是供应链的追随者。农民合作社根据供应链中销售企业反馈的农产品市场信息及消费者需求信息,来确定农产品的市场需求,向加工企业提供特色农产品,并制定面向加工企业的单位批发价格 p_f。加工企业根据农民合作社的批发价格 p_f 制定面向销售企业的单位批发价格 p_m。与此同时,销售企业根据加工企业的批发价格 p_m 制定自身销售价格 p_r。供应链各参与主体都选择自身最优行动策略以实现利润最大化。

本书采用逆向归纳法对供应链收益进行求解。销售企业以市场零售价格 p_r 作为其决策变量,因此,销售企业的最优决策目标函数为:

$$\max \pi_r = (p_r - p_m - c_r) \times (\theta - up_r) \qquad (6-8)$$

销售企业的利润函数是关于决策变量 p_r 的凹函数,对式 (6-8) 求关于 p_r 一阶偏导可得:

$$\frac{\partial \pi_r}{\partial p_r} = \theta - 2up_r + u(p_m + c_r) \qquad (6-9)$$

令式 (6-9) 等于零,可以求出在参与主体非合作方式下销售企业利润最大化时的最优决策为:

$$p_r^* = \frac{\theta + u(p_m + c_r)}{2u} \qquad (6-10)$$

对于加工企业来说，最优决策目标函数为：

$$\max \pi_m = (p_m - p_f - c_m) \times (\theta - u p_r) \tag{6-11}$$

将式（6-10）代入式（6-11）可得：

$$\pi_m = (p_m - p_f - c_m) \times \left[\theta - u \frac{\theta + u(p_m + c_r)}{2u} \right] \tag{6-12}$$

加工企业利润函数是关于决策变量 p_r 的凹函数，对式（6-12）求关于决策变量 p_m 一阶偏导可得：

$$\frac{\partial \pi_m}{\partial p_m} = \frac{\theta - u(p_f + c_m - c_r)}{2} - u p_m \tag{6-13}$$

令式（6-13）等于零，可以求出加工企业利润最大化时的最优决策为：

$$p_m^* = \frac{\theta + u(p_f + c_m - c_r)}{2u} \tag{6-14}$$

对于农民合作社而言，其最优决策目标函数为：

$$\max \pi_f = (p_f - c_f) \times D \tag{6-15}$$

将式（6-10）、式（6-14）代入式（6-15）可以求出在参与主体非合作方式下农民合作社的利润函数表达式为 π_f：

$$\pi_f = (p_f - c_f) \times \frac{\theta - u(p_f + c_m + c_r)}{4} \tag{6-16}$$

农民合作社利润函数是关于决策变量 p_f 的凹函数，对式（6-16）求关于决策变量 p_f 一阶偏导可得：

$$\frac{\partial \pi_f}{\partial p_f} = \frac{\theta - u(p_f + c_m - c_r)}{2} - u p_m \tag{6-17}$$

令式（6-17）等于零，可以求出农民合作社利润最大化时的最优决策为：

$$p_f^* = \frac{\theta - u(c_m + c_r)}{2u} + \frac{c_f}{2} \tag{6-18}$$

将上述结果分别代入式（6-4）、式（6-5）、式（6-6）可得参与主体非合作模式下农民合作社、加工企业、销售企业的最大利润分别为：

$$\begin{cases} \pi_f^* = \dfrac{[\theta - u(c_m + c_r + uc_f)]^2}{16u} \\ \pi_m^* = \dfrac{[\theta - u(c_m + c_r + uc_f)]^2}{32u} \\ \pi_r^* = \dfrac{[\theta - u(c_m + c_r + uc_f)]^2}{64u} \end{cases} \quad (6-19)$$

（三）参与主体部分合作

参与主体部分合作包括农民合作社和加工企业合作、加工企业和销售企业合作、农民合作社和销售企业合作三种方式。下面分别对这三种合作方式的博弈过程和供应链收益进行分析。当农产品供应链上的三个参与主体两两合作时，将相应的合作联盟看成一个整体，此时农民合作社或农民合作社所在联盟占据供应链的核心地位，余下的参与主体即为追随者。先由农民合作社或农民合作社所在合作联盟制定决策以实现自身利益最大化，之后剩余的另一参与主体根据领导者的决策作出最优决策。当农产品供应链各参与主体都满意的结果出现时，此时的解就是纳什均衡解。

1. 农民合作社和加工企业合作

农民合作社和加工企业形成一个小联盟时，双方考虑的是联盟整体利益要达到最大，此时，农民合作社和加工企业共同协商将加工好的产品以单价为 $P_{f,m}$ 卖给销售企业，销售企业仍以自身利益最大化为目标进行决策。在此合作方式下，合作联盟为领导者，销售企业为追随者，合作联盟的最优决策函数为：

$$\max \pi_{f,m} = (\theta - up_r)(p_{f,m} - c_m - c_f) \quad (6-20)$$

销售企业的最优决策函数为：

$$\max \pi_r = (\theta - up_r)(p_r - p_{f,m} - c_r) \quad (6-21)$$

对式（6-21）求关于决策变量 p_r 的一阶偏导可得：

$$\frac{\partial \pi_r}{\partial p_r} = -2up_r + \theta + u(p_{f,m} + c_r) \quad (6-22)$$

令式（6-22）等于零，得：

$$p_r = \frac{\theta + u(p_{f,m} + c_r)}{2u} \tag{6-23}$$

将式（6-23）代入式（6-20），得：

$$\pi_{f,m} = \left[\frac{\theta - u(p_{f,m} + c_r)}{2u}\right](p_{f,m} - c_m - c_f) \tag{6-24}$$

对式（6-24）求关于决策变量 $p_{f,m}$ 的一阶偏导可得：

$$\frac{\partial \pi_{f,m}}{\partial p_{f,m}} = -up_{f,m} + \frac{\theta + u(p_{f,m} + c_f - c_r)}{2} \tag{6-25}$$

令式（6-25）等于零，得：

$$p_{f,m}^* = \frac{\theta + u(c_m + c_f - c_r)}{2u} \tag{6-26}$$

将式（6-26）代入式（6-23），得：

$$p_r^* = \frac{3\theta + u(c_f + c_m + c_r)}{4u} \tag{6-27}$$

将式（6-26）代入式（6-20），可以计算出加工企业和农民合作社组成的联盟的最大利润为：

$$\pi_{f,m}^* = \frac{[\theta - u(c_f + c_m + c_r)]^2}{8u} \tag{6-28}$$

将式（6-27）代入（6-21），得销售企业的最大利润为：

$$\pi_r^* = \frac{[\theta - u(c_f + c_m + c_r)]^2}{16u} \tag{6-29}$$

2. 加工企业和销售企业合作

当加工企业和销售企业形成合作联盟时，可以将加工企业和销售企业形成的合作联盟与农民合作社看成分散决策的两层主从对策问题，农民合作社是领导者，合作联盟是追随者。此时，合作联盟的决策变量为 $p_{m,r}$，农民合作社的决策变量为 p_f，合作联盟的最优目标函数为：

$$\max \pi_{m,r} = (\theta - up_{m,r})(p_{m,r} - p_f - c_m - c_r) \tag{6-30}$$

农民合作社的最优目标函数为：

$$\max \pi_f = (\theta - up_r)(p_f - c_f) \tag{6-31}$$

同理 Stackelberg 模型求解可得：

$$p_f^* = \frac{\theta - u(c_m + c_r - c_f)}{2u} \quad (6-32)$$

$$p_{m,r}^* = \frac{3\theta + u(c_f + c_m + c_r)}{4u} \quad (6-33)$$

将式（6-32）代入式（6-31），得农民合作社最大利润为：

$$\pi_f^* = \frac{[\theta - u(c_f + c_m + c_r)]^2}{8u} \quad (6-34)$$

将式（6-32）、式（6-33）代入式（6-30），得加工企业和销售企业组成的联盟的最大利润为：

$$\pi_{m,r}^* = \frac{[\theta - u(c_f + c_m + c_r)]^2}{16u} \quad (6-35)$$

3. 农民合作社和销售企业合作

缺少加工企业，农民合作社和销售企业组成的合作联盟的最大利润可看作非合作情形下两者利润的总和，即：

$$\pi_{f,r}^* = \frac{5[\theta - u(c_m + c_r + uc_f)]^2}{64u} \quad (6-36)$$

（四）参与主体整体合作

当农产品供应链参与主体共同合作时，把整个链条看作一个整体，不考虑参与主体之间的交易关系，供应链进行集中决策，此时，供应链所有参与主体以合作联盟的整体利益最大为目标，三个参与主体协商合作的销售价格为 $p_{f,m,r}$，将销售价格 $p_{f,m,r}$ 作为决策变量，最优决策目标函数为：

$$\max \pi_{f,m,r} = (p_r - c_f - c_m - c_r) \times (\theta - up_r) \quad (6-37)$$

对式（6-37）求其关于 $p_{f,m,f}$ 的一阶导数为：

$$\frac{\partial \pi_{f,m,f}}{\partial p_{f,m,f}} = \theta - 2up_{f,m,r} + u(c_m + c_r) - uc_f \quad (6-38)$$

令式（6-38）等于零，得供应链最优销售价格为：

$$p_{f,m,r}^* = \frac{\theta + u(c_m + c_r)}{2u} + \frac{c_f}{2} \quad (6-39)$$

将式（6-39）代入式（6-37），得到农产品供应链整体最大利润为：

$$\pi_{f,m,r}^* = \frac{[\theta - u(c_m + c_r) - uc_f]^2}{4u} \qquad (6-40)$$

（五）不同合作方式下的成员收益对比分析

通过前文的分析，可以计算得出农产品供应链中农民合作社、加工企业、销售企业等三个主体在参与主体非合作、参与主体部分合作、参与主体整体合作模式下的收益结果，汇总见表6-13。

表6-13　不同合作方式下以农民合作社为核心组织的农产品供应链收益对比分析

合作方式	参与主体	利润	总利润
参与主体非合作	农民合作社	$\dfrac{[\theta - u(c_m + c_r + uc_f)]^2}{16u}$	$\dfrac{7[\theta - u(c_m + c_r + uc_f)]^2}{64u}$
	加工企业	$\dfrac{[\theta - u(c_m + c_r + uc_f)]^2}{32u}$	
	销售企业	$\dfrac{[\theta - u(c_m + c_r + uc_f)]^2}{64u}$	
参与主体部分合作	农民合作社+加工企业	$\dfrac{[\theta - u(c_f + c_m + c_r)]^2}{8u}$	$\dfrac{3[\theta - u(c_f + c_m + c_r)]^2}{16u}$
	销售企业	$\dfrac{[\theta - u(c_f + c_m + c_r)]^2}{16u}$	
	加工企业+销售企业	$\dfrac{[\theta - u(c_f + c_m + c_r)]^2}{16u}$	$\dfrac{3[\theta - u(c_f + c_m + c_r)]^2}{16u}$
	农民合作社	$\dfrac{[\theta - u(c_f + c_m + c_r)]^2}{8u}$	
	农民合作社+销售企业	$\dfrac{5[\theta - u(c_m + c_r + uc_f)]^2}{64u}$	$\dfrac{7[\theta - u(c_m + c_r + uc_f)]^2}{64u}$
	加工企业	$\dfrac{[\theta - u(c_m + c_r + uc_f)]^2}{32u}$	
参与主体整体合作	农民合作社+加工企业+销售企业	$\dfrac{[\theta - u(c_m + c_r + uc_f)]^2}{4u}$	$\dfrac{[\theta - u(c_m + c_r + uc_f)]^2}{4u}$

通过对表6-13中的供应链各参与主体在不同合作方式下的总利润进行比较分析可以得出，以农民合作社为核心组织的农产品供应链各参与主体进行合作时分得的总利润大于或等于单独经营时分得的总利润，且参与主体整体合作时的供应链总利润达到最大；反之，当供应链上各参与主体在独自经营时，由于供应链

各参与主体均以自身利益最大为目标，因此，各参与主体在供应链收益分配时会进行博弈，最终各参与主体分得的利润均不如整体合作时的大。

从表 6-13 能够看出，供应链参与主体整体合作时的利润最大，此时，协调分配农民合作社、加工企业、销售企业等三个参与主体的利润至关重要，这也是影响供应链成员进行长期稳定合作的关键之处。

三、基于 Shapley 值法的以农民合作社为核心组织的农产品供应链收益分配模型求解

根据上文 Shapley 值法的论述以及基于 Stackelberg 博弈的以农民合作社为核心组织的农产品供应链收益计算结果，可以运用 Shapley 值法计算求出农民合作社在农产品供应链中利润分配的 Shapley 值，见表 6-14；同理，计算得出加工企业和销售企业在农产品供应链中利润分配的 Shapley 值分别见表 6-15 与表 6-16。

第六章 农民合作社主导农产品供应链的利益协调机制研究

表6-14 农民合作社 Shapley 值计算公式

S	农民合作社	农民合作社+加工企业	农民合作社+销售企业	农民合作社+加工企业+销售企业
$v(S)$	$\dfrac{[\theta-u(c_m+c_r+uc_f)]^2}{16u}$	$\dfrac{[\theta-u(c_m+c_r+uc_f)]^2}{8u}$	$\dfrac{5[\theta-u(c_m+c_r+uc_f)]^2}{64u}$	$\dfrac{[\theta-u(c_m+c_r+uc_f)]^2}{4u}$
$v(S\setminus N)$	0	$\dfrac{[\theta-u(c_m+c_r+uc_f)]^2}{32u}$	$\dfrac{[\theta-u(c_m+c_r+uc_f)]^2}{64u}$	$\dfrac{[\theta-u(c_m+c_r+uc_f)]^2}{16u}$
$v(S)-v(S\setminus N)$	$\dfrac{[\theta-u(c_m+c_r+uc_f)]^2}{16u}$	$\dfrac{3[\theta-u(c_m+c_r+uc_f)]^2}{32u}$	$\dfrac{[\theta-u(c_m+c_r+uc_f)]^2}{16u}$	$\dfrac{3[\theta-u(c_m+c_r+uc_f)]^2}{16u}$
$\lvert S\rvert$	1	2	2	3
$W(\lvert S\rvert)$	1/3	1/6	1/6	1/3
$[v(S)-v(S\setminus N)]\,W(\lvert S\rvert)$	$\dfrac{[\theta-u(c_m+c_r+uc_f)]^2}{48u}$	$\dfrac{[\theta-u(c_m+c_r+uc_f)]^2}{64u}$	$\dfrac{[\theta-u(c_m+c_r+uc_f)]^2}{96u}$	$\dfrac{[\theta-u(c_m+c_r+uc_f)]^2}{16u}$

表 6-15 加工企业 Shapley 值计算公式

S	加工企业	加工企业+农民合作社	加工企业+销售企业	农民合作社+加工企业+销售企业
$v(S)$	$\dfrac{[\theta - u(c_m + c_r + uc_f)]^2}{32u}$	$\dfrac{[\theta - u(c_m + c_r + uc_f)]^2}{8u}$	$\dfrac{[\theta - u(c_m + c_r + uc_f)]^2}{16u}$	$\dfrac{[\theta - u(c_m + c_r + uc_f)]^2}{4u}$
$v(S \backslash N)$	0	$\dfrac{[\theta - u(c_m + c_r + uc_f)]^2}{16u}$	$\dfrac{[\theta - u(c_m + c_r + uc_f)]^2}{64u}$	$\dfrac{5[\theta - u(c_m + c_r + uc_f)]^2}{64u}$
$v(S) - v(S \backslash N)$	$\dfrac{[\theta - u(c_m + c_r + uc_f)]^2}{32u}$	$\dfrac{[\theta - u(c_m + c_r + uc_f)]^2}{16u}$	$\dfrac{3[\theta - u(c_m + c_r + uc_f)]^2}{64u}$	$\dfrac{11[\theta - u(c_m + c_r + uc_f)]^2}{64u}$
$|S|$	1	2	2	3
$W(|S|)$	1/3	1/6	1/6	1/3
$[v(S) - v(S \backslash N)] W(|S|)$	$\dfrac{[\theta - u(c_m + c_r + uc_f)]^2}{96u}$	$\dfrac{[\theta - u(c_m + c_r + uc_f)]^2}{96u}$	$\dfrac{[\theta - u(c_m + c_r + uc_f)]^2}{128u}$	$\dfrac{11[\theta - u(c_m + c_r + uc_f)]^2}{192u}$

表 6-16 销售企业 Shapley 值计算公式

S	销售企业	销售企业+农民合作社	销售企业+加工企业	农民合作社+加工企业+销售企业
$v(S)$	$\dfrac{[\theta - u(c_m + c_r + uc_f)]^2}{64u}$	$\dfrac{5[\theta - u(c_m + c_r + uc_f)]^2}{64u}$	$\dfrac{[\theta - u(c_m + c_r + uc_f)]^2}{16u}$	$\dfrac{[\theta - u(c_m + c_r + uc_f)]^2}{4u}$
$v(S \setminus N)$	0	$\dfrac{[\theta - u(c_m + c_r + uc_f)]^2}{16u}$	$\dfrac{[\theta - u(c_m + c_r + uc_f)]^2}{32u}$	$\dfrac{[\theta - u(c_m + c_r + uc_f)]^2}{8u}$
$v(S) - v(S \setminus N)$	$\dfrac{[\theta - u(c_m + c_r + uc_f)]^2}{64u}$	$\dfrac{[\theta - u(c_m + c_r + uc_f)]^2}{64u}$	$\dfrac{[\theta - u(c_m + c_r + uc_f)]^2}{32u}$	$\dfrac{[\theta - u(c_m + c_r + uc_f)]^2}{8u}$
$\lvert S \rvert$	1	2	2	6
$W(\lvert S \rvert)$	1/3	1/6	1/6	1/3
$[v(S) - v(S \setminus N)] \cdot W(\lvert S \rvert)$	$\dfrac{[\theta - u(c_m + c_r + uc_f)]^2}{192u}$	$\dfrac{[\theta - u(c_m + c_r + uc_f)]^2}{384u}$	$\dfrac{[\theta - u(c_m + c_r + uc_f)]^2}{192u}$	$\dfrac{[\theta - u(c_m + c_r + uc_f)]^2}{24u}$

根据表6-14至表6-16分别计算农民合作社、加工企业和销售企业的利润分配额，分别为：

$$\Phi_f(D) = \sum_{S \in S_i} \frac{(n-|S|)!(|S|-1)!}{n!}[v(S)-v(S\setminus i)] \tag{6-41}$$

$$= \frac{21[\theta - u(c_m + c_r) - uc_f]^2}{192u}$$

$$\Phi_m(D) = \sum_{S \in S_i} \frac{(n-|S|)!(|S|-1)!}{n!}[v(S)-v(S\setminus i)] \tag{6-42}$$

$$= \frac{33[\theta - u(c_m + c_r) - uc_f]^2}{384u}$$

$$\Phi_r(D) = \sum_{S \in S_i} \frac{(n-|S|)!(|S|-1)!}{n!}[v(S)-v(S\setminus i)] \tag{6-43}$$

$$= \frac{21[\theta - u(c_m + c_r) - uc_f]^2}{384u}$$

式中：$\Phi_f(D)$——农民合作社的利润分配额；

$\Phi_m(D)$——加工企业的利润分配额；

$\Phi_r(D)$——销售企业的利润分配额。

农民合作社、加工企业和销售企业形成合作联盟共同生产经营特色农产品，农产品供应链整体利润显著提高。各参与主体基于Shapley值法所获利润较单独经营时的利润均有所上升。然而，Shapley值法在农产品供应链利益协调过程中存在不足，它将供应链所有参与主体都视为同等地位，各参与主体为供应链整体付出的其他贡献被视为相等的，而在现实经营过程中，各参与主体对供应链整体付出的其他贡献是不等的，Shapley值法容易造成平均分配。Shapley值法只考虑合作成员的边际贡献，可能使农产品供应链上的一些参与主体对最终的收益分配结果产生不满，影响农产品供应链的协调与可持续发展。

因此，需要对基于Shapley值法以农民合作社为核心组织的农产品供应链利益协调方案作出的适当修正。影响以农民合作社为核心组织的农产品供应链主体收益合理分配的因素是综合、复杂的，综合分析以农民合作社为核心组织的农产品供应链的特性及其所处管理决策环境，采用文献研究法和专家访谈法对影响该供应链利益分配的因素进行识别，构建以农民合作社为核心组织的农产品供应链利益协调的影响因素指标，运用层次分析法确定指标权重，为以农民合作社为核心组织的农产品供应链利益协调模型改进作铺垫。

四、TOPSIS 法修正的以农民合作社为核心组织的农产品供应链收益分配方案

结合 TOPSIS 法计算步骤以及表 6-11 能够得出修正的以农民合作社为核心组织的农产品供应链收益分配额为：

$$\Phi_i^*(D) = \Phi_i(D) + v(i) \times \Delta\lambda_i \tag{6-44}$$

式中：$\Phi_i^*(D)$——参与主体修正后的收益分配额。

因此，农民合作社最终的收益额为：

$$\Phi_f^*(D) = \frac{21[\theta - u(c_f + c_m + c_r)]^2}{192u} + \frac{[\theta - u(c_f + c_m + c_r)]^2}{4u} \times \Delta\lambda$$

$$\tag{6-45}$$

式中：$\Phi_f^*(D)$——农民合作社修正后的收益分配额。

加工企业最终的收益额为：

$$\Phi_m^*(D) = \frac{33[\theta - u(c_f + c_m + c_r)]^2}{384u} + \frac{[\theta - u(c_f + c_m + c_r)]^2}{4u} \times \Delta\lambda$$

$$\tag{6-46}$$

式中：$\Phi_m^*(D)$——农民合作社修正后的收益分配额。

销售企业最终的收益额为：

$$\Phi_r^*(D) = \frac{21[\theta - u(c_f + c_m + c_r)]^2}{384u} + \frac{[\theta - u(c_f + c_m + c_r)]^2}{4u} \times \Delta\lambda$$

$$\tag{6-47}$$

式中：$\Phi_r^*(D)$——农民合作社修正后的收益分配额。

经过 TOPSIS 修正的 Shapley 值法所得到的供应链收益分配方案综合考虑了各供应链合作成员的资金投入、贡献程度、努力程度和承担风险等因素，使得修正后的利益协调方案更加科学、合理。

收益分配方案要满足收益分配之后合作成员收益总和与供应链创造的总收益相等，即最终的收益分配不存在没有分配的利益。合理性验证如下：

$$\sum_{i \in I} \Phi_i^*(D) = \sum_{i \in I} \Phi_i(D) = v(D) \qquad (6-48)$$

式中：$I=1$，2，3；

  Φ_1——农民合作社的收益分配额；

  Φ_2——加工企业的收益分配额；

  Φ_3——销售企业的收益分配额。

修正 Shapley 值后，将 $v(i) \times \Delta \lambda_i$ 看作综合收益调整值，当 $v(i) \times \Delta \lambda_i > 0$ 时，即供应链参与主体 i 付出贡献程度大于默认的 $1/n$，需要进行收益补偿；同理，当 $v(i) \times \Delta \lambda_i < 0$ 时，主体 i 付出程度小于默认的 $1/n$，应当减去部分收益补偿其他参与主体。根据上述收益分配模型可知，最终的利益协调方案是没有收益分配剩余的，因此，TOPSIS 修正 Shapley 值法以农民合作社为核心组织的农产品供应链利益协调方案是合理的。同时，科学的利益协调方案有助于激励供应链各参与主体的积极性，实现了以农民合作社为核心组织的农产品供应链健康稳定的发展。

第三节 利益协调实证分析

为验证以农民合作社为核心组织的农产品供应链利益协调模型的可行性和适应性，本书选取由山西省新绛县珍粮粮食种植专业合作社（以下简称珍粮合作社）、山西省新绛县辰雪面粉厂（以下简称辰雪面粉厂）和山西瑞恒农业股份有限公司（以下简称瑞恒公司）组成的全麦高筋面粉产销供应链（以下简称珍粮全麦高筋面粉供应链）为研究对象，以这三个参与主体的交易为例来分析珍粮全麦高筋面粉供应链收益分配问题，并对珍粮全麦高筋面粉供应链的收益进行合理分配。

一、珍粮全麦高筋面粉供应链现状

面粉按筋度强弱划分，可分为低筋、中筋、高筋。按照国家标准，高筋面粉的蛋白质含量一般为 11.5% ~ 13.5%，中筋面粉的蛋白质含量一般为 8.5% ~ 11.5%，低筋面粉的蛋白质含量则为 6.5% ~ 8.5%。普通全麦面粉是由整粒小麦磨制成粉，包含胚乳、麸皮及胚芽等营养物质成分，口感粗糙且蛋白质含量低，一般属于低筋面粉；而高筋面粉蛋白质含量高，口感细腻，市场上大部分的高筋面粉无法用全麦面粉磨制。珍粮全麦高筋面粉供应链所生产的面粉是由整粒小麦磨粉，且蛋白质含量达到高筋面粉要求，集多种营养素和高蛋白质含量这两种优势于一体，凭借出色的口感和丰富的营养等两大特色享誉当地。能够出产全麦高筋面粉主要是因为磨制面粉的小麦品种筋度较高。因此，产品特色主要来自小麦的种植端。珍粮合作社、辰雪面粉厂和瑞恒公司共同签订战略联盟合作协议，建立以珍粮合作社为核心组织的农产品供应链，由核心组织负责在生产全麦高筋面粉的同时统筹、协调三个主体的资源优势，实现供应链利益最大化。

（一）珍粮合作社

珍粮合作社主要从事粮食作物种植，致力于生产口感独特、营养绝佳的特色农产品。依托先进的种植技术及不可复制的特色农产品，珍粮合作社先后被评为国家级示范社、山西省农民合作社示范社、农业社会化服务先进单位、农业品牌创建先进经营主体等。珍粮合作社先后注册了多个商标，开发强筋面粉、小杂粮等系列特色农产品，发展精、特、优粮食产品，迅速抢占农产品市场，向着规模大、效益高、发展好的大型农民合作社不断前进。珍粮合作社建设粮食科技示范园，加大粮食新品种、新技术的引进示范，提高农民种粮的科技含量，实现粮食规模化、标准化、品牌化经营，在为国家粮食安全作出积极贡献的同时，带领农民增收致富。

（二）辰雪面粉厂

辰雪面粉厂成立于 2017 年，经营范围包括小麦粉生产、销售、粮食仓储服务以及农副食品加工，以发展农业科技现代化为目标，为周边粮食作物提供全程系列化服务，推动当地农业高质量发展。辰雪面粉厂先后投资建设"粮食作物园区""粮食作物加工厂"等相关粮食作物加工配套设施，改造提升加工技术装备，逐步实现了为农民合作社提供紧密衔接的农产品加工合作服务。辰雪面粉厂与珍粮合作社、瑞恒公司达成长期战略合作伙伴协议，形成一条稳固的农产品供应链。

（三）瑞恒公司

瑞恒公司成立于2016年，围绕粮食和蔬菜两大产业发展运营，坚持科技引领，秉持产业化经营的发展思路，以生产精、特、优产品为发展目标，加快自身建设，为推动农业高质量、现代化发展提供强大支撑。瑞恒公司建设有"粮食科技示范园""蔬菜科技示范园""现代农业生产服务中心"等实体，实现粮食和蔬菜从品种培植、技术服务、加工销售、推广宣传的集成，努力助推现代农业的发展。

（四）珍粮全麦高筋面粉供应链收益分配问题分析

对珍粮全麦高筋面粉供应链实地调研，发现该供应链在农产品市场上有很强的竞争力，但各节点企业无法通过各自努力实现自身利益最大化。一方面，供应链并没有依据各参与主体对整体贡献大小来分配供应链收益，而是根据各参与主体的市场规模或资金投入来分配收益，使得其中大多利润被加工企业和销售企业占据，而农民合作社作为供应链中起着决定性作用的生产端，所获收益不甚合理，影响了农民合作社的生产积极性。另一方面，供应链中各参与主体的收益分配不均，难以形成风险共担、合作共赢的局面，当供应链风险来临时，各参与主体几乎只考虑自身利益，甚至可能将风险转移到其他参与主体身上，降低了各参与主体间的信任程度和供应链整体的稳定性。

二、珍粮全麦高筋面粉供应链收益分配

（一）基于Shapley值的收益分配方案

结合Stackelberg博弈模型以及Shapley值法的供应链主体收益分配模型，分

析珍粮合作社、辰雪面粉厂及瑞恒公司在不同合作模式的收益情况，通过对影响供应链利益协调的因素进行分析，基于TOPSIS修正的Shapley值法对该供应链收益进行二次分配。以珍粮合作社、辰雪面粉厂及瑞恒公司组成的珍粮全麦高筋面粉供应链2019年的经营数据为基础，主要参数为：$c_1=1.8$元/千克，$c_2=1.1$元/千克，$c_3=0.6$元/千克，$a=3502$，$b=146$，一年按300天来计算。在实际运营中，珍粮合作社、辰雪面粉厂和瑞恒公司组成的三级农产品供应链就销售全麦高筋面粉所获得的收益分别为88.69、64.36、75.52。

将以上数据代入利益协调模型公式（6-19），计算出不同合作模式下供应链主体联盟收益。

在参与主体非合作模式下，珍粮合作社的收益为：

$$\pi_f^* = \frac{[\theta - u(c_m + c_r + uc_f)]^2}{16u} = 112.66（万元）$$

辰雪面粉厂的收益为：

$$\pi_m^* = \frac{[\theta - u(c_m + c_r + uc_f)]^2}{32u} = 56.33（万元）$$

瑞恒公司的收益为：

$$\pi_r^* = \frac{[\theta - u(c_m + c_r + uc_f)]^2}{64u} = 28.16（万元）$$

根据式（6-28）、式（6-35）、式（6-36）可以计算得出三个参与主体在两两合作模式下的收益分配额。

在珍粮合作社与辰雪面粉厂合作模式下，珍粮合作社与辰雪面粉厂合作的总收益为：

$$\pi_{f,m}^* = \frac{[\theta - u(c_f + c_m + c_r)]^2}{8u} = 225.31（万元）$$

在珍粮合作社与瑞恒公司合作模式下，珍粮合作社与瑞恒公司合作的收益为：

$$\pi_{f,r}^* = \frac{5[\theta - u(c_m + c_r + uc_f)]^2}{64u} = 140.82（万元）$$

在辰雪面粉厂与瑞恒公司合作模式下，辰雪面粉厂与瑞恒公司合作的收益为：

$$\pi_{m,r}^{*} = \frac{[\theta - u(c_f + c_m + c_r)]^2}{16u} = 112.66 \text{ (万元)}$$

根据式（6-40）计算得出在参与主体整体合作模式下的收益为：

$$\pi_{f,m,r}^{*} = \frac{[\theta - u(c_m + c_r) - uc_f]^2}{4u} = 450.63 \text{ (万元)}$$

将珍粮全麦高筋面粉供应链各参与主体在非合作、两两合作、整体合作模式下的收益分配情况汇总见表6-17。

表6-17 不同合作模式下供应链主体联盟收益

合作模式	联盟主体	合作联盟收益（万元）
非合作	π_f	112.66
	π_m	56.33
	π_r	28.16
两两合作	$\pi_{f,m}$	225.31
	$\pi_{f,r}$	140.82
	$\pi_{m,r}$	112.66
整体合作	$\pi_{f,m,r}$	450.63

根据关于Shapley值法的论述及表6-17计算结果，计算珍粮合作社、辰雪面粉厂及瑞恒公司的收益分配值（Φ_f^*）、（Φ_m^*）、（Φ_r^*），收益分配计算过程见表6-18至表6-20。

表 6-18　合作博弈中珍粮合作社的收益分配

合作形式	珍粮合作社	珍粮合作社+辰雪面粉厂	珍粮合作社+瑞恒公司	珍粮合作社+辰雪面粉厂+瑞恒公司
$v(S)$	112.66	225.31	140.82	450.63
$v(S\backslash N)$	0	56.33	28.16	112.66
$v(S) - v(S\backslash N)$	112.66	168.98	112.66	337.97
$\|S\|$	1	2	2	3
$W(\|S\|)$	1/3	1/6	1/6	1/3
$[v(S) - v(S\backslash N)]W(\|S\|)$	37.55	28.16	18.78	112.66

表 6-19　合作博弈中辰雪面粉厂的收益分配

合作形式	辰雪面粉厂	辰雪面粉厂+珍粮合作社	辰雪面粉厂+瑞恒公司	辰雪面粉厂+珍粮合作社+瑞恒公司
$v(S)$	56.33	225.31	112.66	450.63
$v(S\backslash N)$	0	112.66	28.16	140.82
$v(S) - v(S\backslash N)$	56.33	112.65	84.50	309.81
$\|S\|$	1	2	2	3
$W(\|S\|)$	1/3	1/6	1/6	1/3
$[v(S) - v(S\backslash N)]W(\|S\|)$	18.78	18.78	14.08	103.27

表6-20 合作博弈中瑞恒公司的收益分配

合作形式	瑞恒公司	瑞恒公司+珍粮合作社	瑞恒公司+辰雪面粉厂	瑞恒公司+粮合作社+辰雪面粉厂
$v(S)$	28.16	140.82	112.66	450.63
$v(S\setminus N)$	0	112.66	56.33	225.31
$v(S) - v(S\setminus N)$	28.16	28.16	56.33	225.32
$\lvert S \rvert$	1	2	2	3
$W(\lvert S \rvert)$	1/3	1/6	1/6	1/3
$[v(S) - v(S\setminus N)]$ $W(\lvert S \rvert)$	9.39	4.69	9.38	75.11

结合表 6-18 以及式（6-41）可以计算得出珍粮合作社的利润为：

$$\Phi_f^* = 197.15（万元）$$

结合表 6-19 以及式（6-42）可以计算得出辰雪面粉厂的利润为：

$$\Phi_m^* = 154.90（万元）$$

结合表 6-20 以及式（6-43）可以计算得出瑞恒公司的利润为：

$$\Phi_r^* = 98.58（万元）$$

（二）TOPSIS 修正的收益分配方案

1. 影响因素指标打分情况

以珍粮合作社为核心组织的农产品供应链利益协调影响因素指标分为资金投入这类定量指标以及贡献程度、努力程度和风险承担等三类定性指标。首先，分析珍粮合作社、辰雪面粉厂、瑞恒公司在资金投入所衔接的生产运营投入、开发管理投入、品牌投入的三个二级指标的情况，将珍粮合作社、辰雪面粉厂、瑞恒公司在生产运营投入、开发管理投入、品牌投入等方面的实际投入填入表中，具体见表 6-21。

表 6-21 供应链参与主体资金投入情况　　　　　　　　单位：万元

参与主体	生产运营投入	开发管理投入	品牌投入
珍粮合作社	103	46	40
辰雪面粉厂	67	18	10
瑞恒公司	52	21	5

接下来，邀请了农产品供应链利益协调领域的 10 位专家对农产品供应链各参与主体对贡献程度、努力程度和风险承担等指标进行打分，农产品供应链各参与主体这三个指标得分情况分别见表 6-22、表 6-23、表 6-24。

表 6-22 供应链参与主体贡献程度得分情况

参与主体	产品增值度	产品质量	产品特色度
珍粮合作社	0.4	0.4	0.8
辰雪面粉厂	0.2	0.6	0.4
瑞恒公司	0.4	0.8	0.4

表 6-23 供应链参与主体努力程度得分情况

参与主体	品牌地位	技术能力	运营能力
珍粮合作社	0.4	0.4	0.2
辰雪面粉厂	0.6	0.8	0.6
瑞恒公司	0.8	0.6	0.6

表 6-24 供应链参与主体风险承担得分情况

参与主体	市场风险	生产风险	质量安全风险	合作风险	信息风险
珍粮合作社	0.4	0.2	0.6	0.4	0.1
辰雪面粉厂	0.6	0.4	0.8	0.6	0.6
瑞恒公司	0.8	0.2	0.6	0.8	0.4

2. 确定正、负理想解

根据前文论述以及表 6-11 可知,资金投入、贡献程度、努力程度、风险承担等利益协调影响因素指标权重分别为:

资金投入:$B_1 = (0.2738\ \ 0.0502\ \ 0.0867)$

贡献程度:$B_2 = (0.1129\ \ 0.018\ \ 0.1009)$

努力程度:$B_3 = (0.0248\ \ 0.0293\ \ 0.0007)$

风险承担:$B_4 = (0.1003\ \ 0.1003\ \ 0.0105\ \ 0.0389\ \ 0.0352)$

结合资金投入、贡献程度、努力程度以及风险承担影响因素权重值、表 6-21 至表 6-24 以及式(1-17)、式(1-18)、式(1-20)、式(1-22)可以计算出各参与主体的正、负理想解和相对贴进度,结果见表 6-25。

表 6-25 正负理想解和相对贴进度

参与主体	与正理想解距离	与负理想解距离	相对贴进度
珍粮合作社	0.2949	0.2859	0.4922
辰雪面粉厂	0.2823	0.2329	0.4950
瑞恒公司	0.2966	0.2771	0.4831

3. 利益协调影响因素权重差值

根据表 6-25 的计算结果和式(1-23)至式(1-25)可以计算出修正之后的各利益协调影响因素权重与修正之前的权重差值 $\Delta\lambda$。

珍粮合作社利益协调因素修正后的差值：

$$\Delta\lambda_1 = 0.3568 - 1/3 = 0.0235$$

辰雪面粉厂利益协调因素修正后的差值：

$$\Delta\lambda_2 = 0.2761 - 1/3 = -0.0572$$

瑞恒公司利益协调因素修正后的差值：

$$\Delta\lambda_3 = 0.3761 - 1/3 = 0.0428$$

从以上数据能够看出，珍粮合作社和瑞恒公司在农产品供应链中承担的风险要大于平均风险，因此，在农产品供应链收益分配过程中应当给予相应的补偿；而辰雪面粉厂在农产品供应链中所承担的风险低于平均风险，因此，在农产品供应链收益分配过程中应当扣除相应的收益。

根据表6-18的计算结果和式（6-45），可以计算出珍粮合作社在农产品供应链中修正后的利润分配额为：

$$\pi_f = 197.15 + 450.63 \times 0.0235 = 207.74（万元）$$

式中：π_f——珍粮合作社的收益分配额。

根据表6-19的计算结果和式（6-46），可以计算出辰雪面粉厂在农产品供应链中修正后的利润分配额为：

$$\pi_m = 154.9 + 450.63 \times (-0.0572) = 129.12（万元）$$

式中：π_m——辰雪面粉厂的收益分配额。

根据表6-20的计算结果和式（6-47），可以计算出瑞恒公司在农产品供应链中修正后的利润分配额为：

$$\pi_r = 98.58 + 450.63 \times 0.0428 = 117.87（万元）$$

式中：π_r——瑞恒公司的收益分配额。

三、珍粮全麦高筋面粉供应链收益分配对比分析

珍粮合作社、辰雪面粉厂、瑞恒公司等三个参与主体实际收益的获得情况以及基于TOPSIS法改进Shapley值的以珍粮合作社为核心组织的全麦高筋面粉供应链收益分配结果对比分析见表6-26。

表6-26　收益分配结果比较

参与主体	TOPSIS法改进的Shapley值	供应链实际的收益分配值
珍粮合作社	207.74	182.59
辰雪面粉厂	129.12	110.76
瑞恒公司	117.87	161.38
供应链总利润	454.73	454.73

经验证，以珍粮合作社为核心组织的农产品供应链修正后的收益分配方案具有满足式（6-17）的合理性。从表6-26中能够看出，珍粮合作社和辰雪面粉厂的收益分配额均有所上升，而瑞恒公司的收益分配额明显下降。收益分配方案的变化说明了在以珍粮合作社为核心组织的农产品供应链中，资金投入、承担风险、努力程度和贡献程度等都是收益分配的重要影响因素。能够看出，珍粮合作社不管是在供应链的实际收益分配额还是在基于TOPSIS法改进的Shapley值的收益分配额，其收益都是三个参与主体中最高的，可以说明珍粮合作社是所在农产品供应链的主导企业，其对农产品供应链整体付出的贡献及产生的影响力最大。综合考虑资金投入、贡献程度、努力程度和风险承担等四个方面的利益协调影响因素，使修正后的农产品供应链收益分配方案更加科学、合理，农产品供应链参与主体合作更加紧密。因此，修正后的Shapley值收益分配方案是公平、合理且可行的。

第七章
推进农民合作社主导的农产品供应链发展的引导策略研究

第一节 加强宏观政策支持，鼓励农民合作社主导的农产品供应链形成

一、加大外部激励程度，激发节点组织主观能动性

农业受自然条件影响较大，抗风险能力差，其发展具有不稳定性，对外部条件依赖程度较高。由于农业这一产业的特殊性，其长远发展必然离不开政府部门的政策支持。当前政府对于以农民合作社为核心组织的农产品供应链扶持力度和对农产品供应链的财政投入还有待加强，鲜有优惠政策鼓励支持农民合作社成为农产品供应链中的核心组织。

从宏观政策角度，在相关法律法规的制定中应从农民合作社发展出发，设定相应的条例，培养农民合作社在自身发展过程中主导农产品供应链的意识，强调其成为"农产品供应链核心组织"这一发展目标，为农民合作社争取更多供应链上的红利，进而为农民创收，保护农民根本利益。政府还应不断优化营商环境，通过政策鼓励涉农企业积极与农民合作社开展业务合作，为农产品供应链合作平台建设创造良好的大环境。

从税收优惠角度，对于农民合作社主导的农产品供应链上的相关企业和组织，可以给予相应的税收优惠。通过减少相应税种或创新税收政策，鼓励支持各企业和组织同农民合作社形成稳定的合作关系，减轻农业生产者的税收负担，共同为上游农业现代化发展、农民增收就业创造有利条件。

从金融信贷支持方面,商业银行对于农产品供应链上各节点组织、企业可以给予更多的信贷支持。当前仍有一些商业银行认为涉农企业收益低、风险大,存在惜贷的现象,应该进一步推行农业贷款支持政策的实施,政府可以将一部分农业预算资金用于支付商业银行的贷款利息,为农业产业化发展提供高效、稳定、优惠的资金链支持。

二、探索地域资源优势,扶持农民合作社打造自主品牌

充分挖掘各地的风土特色以传统农耕文化,加强对区域特色品种的培育。依靠当地优势资源,建立特色农产品品种保存和繁育基地,通过繁育选育,不断提升优良品种的特色度,保证农产品特色品种的持续供应能力。对区域资源实施保护措施,在特定的产地进行绿色、循环、可持续的生产模式,避免无节制地开发和利用资源。通过改善区域基础设施条件和科技水平,来提高特色农产品的综合生产能力。

借助区域地理位置、气候条件、生态环境等资源优势和特色农产品进行地理标志申请,同时充分利用地理标志的促进作用。地理标志对特色农业发展具有重要的推动作用,是提高农产品附加值的关键要素。

提高农民合作社对于打造特色农产品品牌的意识,强化品牌兴农、品牌强农的理念。注重农民合作社特色农产品品牌的开发与培育,农民合作社可以积极注册农产品商标,打造自主品牌。品牌中融入区域传统文化、特色资源、乡风民俗等内涵,使其内容丰富、形态多元。

立足当地资源禀赋和生产条件,将农产品产地优势转变为产品优势。突出特色农产品的差异化特征,将特色农产品优势转化为品牌优势,不断塑造品牌的创新性和独特性。将品牌价值体现到特色农产品价格中来,实现特色农产品的优质优价。

厘清特色农产品的特色度与独特区域自然资源和生产技术的关系,对特色农产品的品质和特色度进行监测和级别认定。品质和特色度是品牌的基础与保障。

农民合作社要加强对供应链上的监督和管理,对于下游企业品牌的使用情况

以及农产品的质量进行跟踪监管，避免品牌滥用和产品质量安全问题的出现。通过对供应链下游的监督和管理强化对特色农产品品牌的保护。

加强产品品牌宣传推广，通过媒体新闻网络等多种渠道，借助国家地理标志农产品体验馆、知名农业展会等多个相关公益平台提高产品品牌知名度，扩大产品品牌影响力。

三、健全行业监管机制，引导供应链健康有序运行

从国际经验来看，农民合作社在食品质量安全监管方面具有重要作用。因此，应该充分发挥农民合作社在农产品质量安全中发挥的监管作用。相较于普通农产品，特色农产品具有更高的附加值和溢价空间，但是监管机制的缺失不利于特色农产品高附加值的体现。应该加强产品质量检测，对于附加值高的特色农产品提供鉴定渠道，提高消费者认可度，避免出现质量与价格不匹配的情况。

强化农产品市场价格监测，将农产品供求信息和价格变动信息及时发布到供应链信息共享平台，对于可能出现的价格波动进行有效预警，有针对性地实施调控措施，引导供应链平稳有序运行。完善农产品目标价格制度，提高供应链节点组织间的合同签约率和履约率。

建立农民合作社主导的农产品供应链系统稳定性评估和预警。随着农民合作社的发展和壮大，主营特色农产品的供应链由农民合作社主导是未来趋势。在这类农产品供应链发展的初期阶段，其稳定性问题对整体运行效率和收益影响极为关键，因此，应该鼓励探索出一套适用于农民合作社主导的农产品供应链稳定性评估体系，且能在稳定性出现问题时及时预警来防患于未然。同时，需要建立健全供应链管理机构，技术层面要加快构建"互联网+"和区块链技术平台，实现供应链系统信息同步共享。

第二节　全面优化供应链管理结构，保障农民合作社主导的农产品供应链稳定运行

一、树立以"共赢"为基础的合作理念，促进主体协同合作

现代市场竞争已经不再是传统的单个企业之间的竞争，而是转变为供应链与供应链之间的竞争。供应链管理强调系统的整体性，注重供应链内的合理分工和协同合作。将合作共赢的理念注入供应链的发展中去是实现供应链整体价值增值的有效途径。农民合作社主导的农产品供应链上涉及多个参与主体，包含农产品从生产到销售的多个环节，各参与主体能够统一战略目标，树立以"共赢"为基础的合作理念，是各参与主体间协同合作的前提和保障。

从前文的分析中可以看出，农民合作社主导的农产品供应链上各参与主体之间是合作与竞争共存的动态关系，各参与主体之间没有严格的隶属关系，但是各参与主体如果长期进行分散决策，完全独自经营，供应链则会逐渐趋于不稳定状态，且供应链上的整体收益相较于集中决策时的收益会有所下降。将"共赢"的合作理念融入供应链上的各参与主体，参与主体以追求供应链整体收益最大化为目标，有助于建立长期的伙伴关系，使供应链稳定有序地运行。

树立以"共赢"为基础的合作理念，需要正确处理供应链上各参与主体之间的差异和竞争关系，关键在于各参与主体间的沟通。具体可以从以下几方面着手。

第一，充分发挥农民合作社的主导能力，使供应链上的各参与主体都能认识到农产品特色度为供应链带来的市场竞争力的增强，提高自身对农民合作社的依附程度。

第二，找到各参与主体间的共同之处，包括管理理念、企业文化等方面，通过共同的观念架起各参与主体间沟通的桥梁，提升伙伴之间的合作意愿，巩固

"共赢"的合作理念。

第三，在供应链的运行过程中，加强平台的信息共享。要将相关政策、运行目标、产品状况同步到各参与主体，使各参与主体产生利益共同体的概念，强化"共赢"的合作理念。

第四，各参与主体间要频繁且高效地沟通，从而消除不同参与主体之间的文化和信息差异，降低不同参与主体的认知差距。一般而言，参与主体之间有不同的价值观和独立的经营方式，对供应链的运行也有不同的理解和认知，这需要多主体的不断沟通来共同推动战略目标有机统一的实现。

二、构建参与主体间的信任机制，降低投机风险

参与主体间良好的信任关系是供应链高效运行的关键。供应链系统的不稳定与主体间的信任程度呈正相关。农产品供应链上的参与主体难免会因为一些利益冲突影响彼此的信任关系，一旦参与主体间信任程度降低，就可能产生供应链上下游信息隐藏和行动隐藏等道德风险问题，从而导致个体行为与供应链整体目标发生冲突，影响供应链稳定运行。构建参与主体间的信任机制，有利于降低供应链上的道德风险，提高供应链系统的稳定性。

构建参与主体间的信任机制应该从以下几方面着手。

第一，要强化信任形成机制。农民合作社主导的农产品供应链在选择合作伙伴阶段，就要强化企业信誉度的维度。农民合作社需要根据历史合作情况、企业在行业内的口碑和契约履行程度来判断从属企业是否能够进行合作，从属企业也具有反向选择的权力。只有合作双方均按照合作伙伴选择标准进行正确判断，才能初步建立伙伴之间的信任。

第二，要巩固信任维持机制。契约关系和有效沟通是农产品供应链主体之间维护信任关系的重要手段。在形成合作关系后，参与主体间应该建立契约关系来规定彼此的责任和义务，对主体行为起到一定的规范和约束作用，进一步巩固参与主体间的信任关系。同时，在契约履行的过程中，也要对出现的问题及时交流和沟通，通过给合作伙伴提供有效信息等方式来加强伙伴之间的信任。

第三，要完善信任反馈机制。作为农产品供应链上的核心组织，农民合作社应该起到监管和协调的作用。农民合作社对于下游组织的违约行为或者失信行为应该给予及时的反馈，根据其行为对信任关系的破坏程度，实施相应的惩罚措施，以起到警示作用。

三、建设信息共享平台，实现供应链协调管理

供应链中普遍存在着需求波动放大的效应，上游组织面临的需求波动程度要大于下游组织面临的需求波动程度。在传统非信息共享的供应链中，上游组织对下游组织实际库存和销售情况了解程度较低，主要通过历史订单信息进行需求预测，从而决定生产行为。由于信息不对称，供应链上各参与主体的合作不密切，导致牛鞭效应的出现。传统农产品供应链中各参与主体的合作相对松散，缺乏核心组织作为信息交换中心，整个供应链处于弱契约化阶段，难以在核心组织的控制和协调下形成强契约关系，使得供应链中各参与主体难以实现共享收益、共担风险。

信息共享是提高现代农产品供应链运行效率的重要举措，在农产品流通和供应链管理过程中发挥着重要作用，因此，有必要建设农产品供应链信息共享平台。建设信息共享平台最主要的作用是整合农产品生产、加工、销售三个阶段的全部信息，将供应链上各环节、各参与主体捆绑在一起，实现对农产品供应链的协调管理。信息共享平台的基本原则是保证上下游信息的有效共享，同时能够为信息追溯和信息系统监管提供基础。构建农产品供应链信息共享平台是一个系统工程。信息资源包括内部信息和外部市场信息，内部信息要围绕参与主体的行为和农产品的生产、加工、流通等阶段进行信息收集，外部市场信息要围绕相关政策文件和农产品市场价格、供求等方面进行信息收集。信息平台应该建立信息采集、使用和发布规则，确保信息的真实性、及时性以及准确性。当前，可以依托互联网平台、运用大数据、人工智能等数字技术，及时共享并分析数据。

农民合作社应该从标准化种植的角度出发，将农产品的种植阶段统一记录，其中包括生产资料来源、种植过程、生产资料使用情况、农产品品级、品牌等信

息。在农产品运输阶段，需要将存储信息、运输方式、设施设备状态等信息录入。在农产品销售环节，应该将销售单元、销售量、消费者偏好等信息录入。产地的农药残留检验、土壤水质检验等相关监测报告也需及时录入信息平台。依托企业资源计划（Enterprise Resource Planning，ERP）系统、集成供应商关系管理（Vendor Relationship Management，VRM）等信息服务平台，运用互联网等科学技术共享实时信息。完整的信息录入并共享有利于构建农产品的可追溯链条，便于统计不同环节的损耗并且能确保到消费者手中的农产品的安全性，能够有效推动我国农产品供应链的现代化进程。

四、强化农民合作社主导能力，促进主体收益协调

农民合作社要逐渐强化其主导农产品供应链的意识，使其发展并非局限于自身农业生产领域，而是要逐渐融入大市场，加强与下游加工企业、零售企业的联结，促进农产品供应链上利益分配合理化，为合作社成员争取更多红利，为农产品创造更多产品附加值，实现农产品供应链整体利润最大化；农民合作还要加强自身品牌建设能力，强化品牌维护能力，通过区域传统文化、特色资源、得天独厚的地域环境等先天条件创建具有不可替代性的农产品品牌，依托品牌效应强化农民合作社主导地位的韧性，进而有利于引入更多资金、提高话语权，使其在供应链合作伙伴选择上也更具主动性。

农民合作社成为农产品供应链上的核心组织要具备核心组织应有的条件和要求。当前农民合作社数量日益增加，农民合作社开始由高速发展向高质量发展转变。但大多数农民合作社组织化水平相对较低，发展受限，在供应链中缺乏一定的话语权，地位非均等化导致其核心地位缺乏韧性。首先，农民合作社要加强内部管理的规范化，按照我国的相关法律法规规范经营，本着为社员服务的宗旨，广纳各界贤才，因地制宜发展合作社，充分利用农业大数据平台，结合数字农业经济，不断提升合作社运营能力；单个合作社若规模较小，组织化程度较低，可以多个合作社组建农民合作社联合社，合作社间的合作有利于扩大经济的规模，使交易成本得到减少，从而可以达到延伸产业链条和拓展合作社营销渠道的目的。

农民合作社作为供应链上的核心组织应发挥主导作用，通过提高农产品供应链产业化程度、标准化程度、市场化程度和信息化程度来实现农产品供应链质量安全管理。在自身组织化程度提高的前提下，制定农产品供应链运行章程，掌控整体供应链运行节奏，依章程管理各节点组织，从源头实现标准化生产。加强对农产品加工、运输及销售等全供应链各环节的监督力度，强化供应链各环节信息化建设，完善利益分配机制，实现内外资源优化配置。协调多方主体收益，创建一个稳定和谐、互利共赢的合作平台，实现信息共享，降低由于信息不对称带来的牛鞭效应。

供应链上各节点组织应作为一个理性共同体，本着追求供应链整体利润最大化的原则，建立战略联盟集中决策，根据市场需求预测进行动态合理定价。农民合作社的主导地位并不意味着它可以任意决定价格和订购数量。在农民合作社主导的前提下，加工企业和销售企业仍应有合理商讨的空间，但如果农民合作社不以理性的方式引导并确定定价和订购政策，"权力"将无法长期维持。在宏观政策的指导下，各节点组织应共同优化营商环境，通过政策鼓励涉农企业积极与农民合作社开展业务合作，对农产品进行合理定价，共同维护农产品供应链合作平台。直接对接消费者的零售企业应该依据对消费者需求预测作出合理的定价策略，供应链上游企业在农民合作社的主导下，以整体供应链利润最大化为原则，切勿因个体利益优先，而侵犯其他成员的利益。总之，对农产品进行合理定价，能够使各企业和组织形成长期稳定的合作关系，促进农产品供应链健康可持续发展。

附 录

附录1

农民合作社成为供应链核心组织的影响因素相对重要性评价

尊敬的先生/女士：

您好！我是××大学的学生，我正在进行一项关于识别农民合作社成为供应链核心组织的影响因素研究。针对各因素间的相对重要性大小，您具有很高的话语权，耽误您一些时间，请根据实际情况填写，以保证问卷的有效性。

因素间的相对重要性取值见附表1-1，您认为两个因素相比的重要程度符合哪一类，就填写上相应的数值。同时，我承诺调查的数据进行相关处理之后，除用于与论文相关的模型数据之外，决不另作他用，请您放心。非常感谢您的支持与配合，祝您身体健康！

附表1-1 因素相对重要性取值及其含义

数值	含义
1	表示因素 x_i 和因素 x_j 同等重要
3	表示因素 x_i 比因素 x_j 稍微重要
5	表示因素 x_i 比因素 x_j 明显重要
7	表示因素 x_i 比因素 x_j 强烈重要
9	表示因素 x_i 比因素 x_j 极端重要
1、3、5、7、9 的倒数	表示因素 x_i 与因素 x_j 的影响之比为上面 a_{ij} 倒数

附表1-2　一级指标相对重要性

	运营能力	管理能力	合作能力	生产能力
运营能力	1			
管理能力		1		
合作能力			1	
生产能力				1

附表1-3　运营能力二级指标相对重要性

	规模经营	资金实力	融资能力	信息共享
规模经营	1			
资金实力		1		
融资能力			1	
信息共享				1

附表1-4　管理能力二级指标相对重要性

	人员素质	员工培训	规范管理	组织结构	发展型领导
人员素质	1				
员工培训		1			
规范管理			1		
组织结构				1	
发展型领导					1

附表1-5　合作能力二级指标相对重要性

	企业信誉	合作意识	合作意愿	履约能力
企业信誉	1			
合作意识		1		
合作意愿			1	
履约能力				1

附表1-6　生产能力二级指标相对重要性

	产品适应性	自主品牌	产品质量	地理环境
产品适应性	1			
自主品牌		1		
产品质量			1	
地理环境				1

附录 2

农民合作社成为供应链核心组织的影响因素重要性评价

尊敬的先生/女士：

您好！我是××大学的学生，我正在进行一项关于识别农民合作社成为供应链核心组织的影响因素研究。针对各影响因素的重要性大小，您具有很高的话语权，耽误您一些时间，请根据实际情况填写，以保证问卷的有效性。您认为影响因素的重要程度符合哪一类，就在附表 2-1 中画上相应的√。同时，我承诺调查的数据进行相关处理之后，除用于研究的模型数据之外，决不另作他用，请您放心。非常感谢您的支持与配合，祝您身体健康！

附表 2-1　农民合作社成为供应链核心组织的影响因素重要性评价

	影响大	影响较大	影响一般	影响较小	影响小
规模经营					
资金实力					
融资能力					
信息共享					
人员素质					
员工培训					
规范管理					
组织结构					
发展型领导					
企业信誉					
合作意识					

续表

	影响大	影响较大	影响一般	影响较小	影响小
合作意愿					
履约能力					
产品适应性					
自主品牌					
产品质量					
地理环境					

附录 3

以农民合作社为核心组织的加工企业合作伙伴选择指标相对重要性研究

尊敬的先生/女士：

您好！我是××大学的学生，我正在进行一项关于以农民合作社为核心组织的加工企业合作伙伴指标相对重要性研究。针对各选择指标体系的相对重要性大小（见附表 3-1 和附表 3-2），您具有很高的话语权，耽误您一些时间，请根据实际情况填写，以保证问卷的有效性。同时，我承诺调查的数据进行相关处理之后，除用于与论文相关的模型数据之外，决不另作他用，请您放心。非常感谢您的支持与配合，祝您身体健康！

附表 3-1 一级指标相对重要性

	内部运营维度	外部环境维度	合作维度	学习与成长
内部运营维度	1			
外部环境维度		1		
合作维度			1	
学习与成长				1

附表 3-2 内部运营维度二级指标相对重要性

	财务能力	管理能力	加工能力	产品质量
财务能力	1			
管理能力		1		
加工能力			1	
产品质量				1

注：其余二级指标、三级指标相对重要性表格形式与附表 3-1、附表 3-2 相同，在此不再重复列出。

附录 4

以农民合作社为核心组织的加工企业合作伙伴选择指标相对重要性研究判断矩阵

相关判断矩阵见附表 4-1 至附表 4-17。

附表 4-1　一级指标判断矩阵

A	B_1	B_2	B_3	B_4
B_1	1	5	1	3
B_2	1/5	1	1/5	1/3
B_3	1	5	1	3
B_4	1/3	3	1/3	1

附表 4-2　内部运营维度下二级指标判断矩阵

B_1	C_1	C_2	C_3	C_4
C_1	1	3	1/3	1
C_2	1/3	1	1/5	1/3
C_3	3	5	1	3
C_4	1	3	1/3	1

附表 4-3　外部环境维度下二级指标判断矩阵

B_2	C_5	C_6
C_5	1	3
C_6	1/3	1

附表 4-4　合作维度下二级指标判断矩阵

B_3	C_7	C_8	B_9
C_7	1	1/5	1/3

续表

B_3	C_7	C_8	B_9
C_8	5	1	3
C_9	3	1/3	1

附表 4-5　学习与成长维度下二级指标判断矩阵

B_4	C_{10}	C_{11}	C_{12}
C_{10}	1	1/5	1/3
C_{11}	5	1	3
C_{12}	3	1/3	1

附表 4-6　财务能力下三级指标判断矩阵

C_1	D_1	D_2	D_3
D_1	1	5	3
D_2	1/5	1	1/3
D_3	1/3	3	1

附表 4-7　管理能力下三级指标判断矩阵

C_2	D_4	D_5	D_6	D_7	D_8
D_4	1	3	1/3	1/5	3
D_5	1/3	1	1/5	1/7	1
D_6	3	5	1	1/3	5
D_7	5	7	3	1	7
D_8	1/3	1	1/5	1/7	1

附表 4-8　加工能力下三级指标判断矩阵

C_3	D_9	D_{10}	D_{11}	D_{12}
D_9	1	3	3	5
D_{10}	1/3	1	3	3
D_{11}	1/3	1/3	1	3
D_{12}	1/5	1/3	1/3	1

附表 4-9　产品质量下三级指标判断矩阵

C_4	D_{13}	D_{14}
D_{13}	1	3
D_{14}	1/3	1

附表 4-10　自然环境下三级指标判断矩阵

C_5	D_{15}	D_{16}
D_{15}	1	3
D_{16}	1/3	1

附表 4-11　政治环境下三级指标判断矩阵

C_6	D_{17}	D_{18}
D_{17}	1	3
D_{18}	1/3	1

附表 4-12　市场影响能力下三级指标判断矩阵

C_7	D_{19}	D_{20}
D_{19}	1	3
D_{20}	1/3	1

附表 4-13　企业信誉下三级指标判断矩阵

C_8	D_{21}	D_{22}	D_{23}
D_{21}	1	5	3
D_{22}	1/5	1	1/3
D_{23}	1/3	3	1

附表 4-14　服务能力下三级指标判断矩阵

C_9	D_{24}	D_{25}	D_{26}
D_{24}	1	3	5
D_{25}	1/3	1	3
D_{26}	1/5	1/3	1

附表 4-15　员工成长下三级指标判断矩阵

C_{10}	D_{27}	D_{28}
D_{27}	1	3
D_{28}	1/3	1

附表 4-16　绿色发展能力下三级指标判断矩阵

C_{11}	D_{29}	D_{30}	D_{31}
D_{29}	1	5	3
D_{30}	1/5	1	1/3
D_{31}	1/3	3	1

附表 4-17　创新能力下三级指标判断矩阵

C_{12}	D_{32}	D_{33}
D_{32}	1	3
D_{33}	1/3	1

附录 5

以农民合作社为核心组织的销售企业合作伙伴选择指标相对重要性研究

尊敬的先生/女士：

您好！我是××大学的学生，我正在进行一项关于以农民合作社为核心组织的销售企业合作伙伴选择指标相对重要性研究。针对各选择指标体系的相对重要性大小（见附表 5-1 和附表 5-2），您具有很高的话语权，耽误您一些时间，请根据实际情况填写，以保证问卷的有效性。同时，我承诺调查的数据进行相关处理之后，除用于与论文相关的模型数据之外，决不另作他用，请您放心。非常感谢您的支持与配合，祝您身体健康！

附表 5-1　一级指标相对重要性

	内部运营维度	外部环境维度	合作维度	学习与成长
内部运营维度	1			
外部环境维度		1		
合作维度			1	
学习与成长				1

附表 5-2　内部运营维度二级指标相对重要性

	财务能力	管理能力	销售能力
财务能力	1		
管理能力		1	
销售能力			1

注：其余二级指标、三级指标相对重要性表格形式与附表 5-1、附表 5-2 相同，在此不再重复列出。

附录 6

以农民合作社为核心组织的销售企业合作伙伴选择指标相对重要性研究判断矩阵

相关判断矩阵见附表 6-1 至附表 6-10。

附表 6-1　一级指标判断矩阵

A	B_1	B_2	B_3	B_4
B_1	1	5	1	3
B_2	1/5	1	1/5	1/3
B_3	1	5	1	3
B_4	1/3	3	1/3	1

附表 6-2　内部经营维度下二级指标判断矩阵

B_1	C_1	C_2	C_3
C_1	1	3	1/3
C_2	1/3	1	1/5
C_3	3	5	1

附表 6-3　外部环境维度下二级指标判断矩阵

B_2	C_4
C_4	1

附表 6-4　合作维度下二级指标判断矩阵

B_3	C_5	C_6	C_7
C_5	1	1/5	1/3
C_6	5	1	3

续表

B_3	C_5	C_6	C_7
C_7	3	1/3	1

附表 6-5　学习与成长维度下二级指标判断矩阵

B_4	C_8	C_9
C_8	1	1/3
C_9	3	1

附表 6-6　财务能力下三级指标判断矩阵

C_1	D_1	D_2	D_3
D_1	1	5	3
D_2	1/5	1	1/3
D_3	1/3	1/5	1

附表 6-7　管理能力下三级指标判断矩阵

C_2	D_4	D_5	D_6	D_7	D_8	D_9
D_4	1	3	1/3	1/5	1/5	3
D_5	1/3	1	1/5	1/7	1/7	1
D_6	3	5	1	1/3	1/3	5
D_7	5	7	3	1	1	7
D_8	5	7	3	1	1	7
D_9	3	1	1/5	1/7	1/7	1

附表 6-8　销售能力下三级指标判断矩阵

C_3	D_{10}	D_{11}	D_{12}	D_{13}
D_{10}	1	1/3	3	5
D_{11}	3	1	5	7
D_{12}	1/3	1/5	1	3
D_{13}	1/5	1/7	1/3	1

附表 6-9　政治环境下三级指标判断矩阵

C_4	D_{14}	D_{15}
D_{14}	1	3

续表

C_4	D_{14}	D_{15}
D_{15}	1/3	1

附表 6-10　市场影响能力下三级指标判断矩阵

C_5	D_{16}	D_{17}
D_{16}	1	1/3
D_{17}	3	1

附录 7

以农民合作社为核心组织的农产品供应链备选加工企业主观数据获取

尊敬的先生/女士：

您好！我是××大学的学生，我正在进行一项关于以农民合作社为核心组织的农产品供应链加工企业合作伙伴选择。针对您所在加工企业的主观数据取值，您具有很高的话语权，耽误您一些时间，请根据实际情况填写，以保证问卷的有效性。

主观指标数据取值见附表 7-1，您认为该指标评价符合哪一类，就在您所在企业一栏下填写上相应的数值（见附表 7-2）。同时，我承诺调查的数据进行相关处理之后，除用于研究的模型数据之外，决不另作他用，请您放心。非常感谢您的支持与配合，祝您身体健康！

附表 7-1 主观指标数据取值表

评价分数	评价分类		
10	完善	优秀	高
9	较完善	良好	较高
8	一般	中等	一般
7	不完善	及格	低
6	很不完善	不及格	很低

附表 7-2 备选加工企业主观指标数据取值表

指标	J_1	J_2	J_3	J_4
资金实力				
资金周转能力				
库存控制水平				

续表

指标	J_1	J_2	J_3	J_4
自动化水平				
信息化投入水平				
技术领先度				
质量保证体系				
地理环境				
资源环境				
法律环境				
市场认可度				
履约能力				
合作意愿				
行业口碑				
服务范围				
柔性加工能力				
员工平均受教育水平				
绿色生产能力				
环保投入水平				
新产品研发能力				

附录8

以农民合作社为核心组织的农产品供应链备选销售企业主观数据获取

尊敬的先生/女士：

您好！我是××大学的学生，我正在进行一项关于以农民合作社为核心组织的农产品供应链销售企业合作伙伴选择。针对您所在销售企业的主观数据取值，您具有很高的话语权，耽误您一些时间，请根据实际情况填写，以保证问卷的有效性。您认为该指标评价符合哪一类，就在您所在企业一栏下填写上相应的数值（见附表8-1）。同时，我承诺调查的数据进行相关处理之后，除用于研究的模型数据之外，决不另作他用，请您放心。非常感谢您的支持与配合，祝您身体健康！

附表8-1 备选销售企业主观指标数据取值表

指标	X_1	X_2	X_3	X_4
资金实力				
融资能力				
资金周转能力				
库存控制水平				
仓储配送能力				
客户需求预测				
客户需求反馈				
法律环境				
政策环境				

续表

指标	X_1	X_2	X_3	X_4
企业知名度				
合作意愿				
行业口碑				
服务范围				
销售模式创新				
销售策略创新				

附录 9

以农民合作社为核心组织的农产品供应链利益协调影响因素指标构建意见问卷

尊敬的先生/女士：

您好！我是××大学的学生。在我的研究中，有一项内容是构建以农民合作社为核心组织的农产品供应链利益协调影响因素指标。经过前期对大量相关文献的阅读和整理，已初步提出一级指标 4 个，二级指标 15 个。鉴于您是相关知识领域的专家，特邀请您填写该问卷，耽误您几分钟的时间，请您根据自身的工作经验和所掌握的专业知识评判附表 9-1 中指标的设定是否科学、合理。如果合理请打"√"；如果您认为某项指标不合理，请把您对该指标的修改意见填入其后面的空格内。十分感谢您的配合与支持，祝您万事顺意！

附表 9-1　供应链利益协调影响因素指标专家修改意见表

一级指标	修改意见	二级指标	修改意见
成本投入		生产运营投入	
		开发管理投入	
		品牌投入	
贡献程度		产品增值度	
		产品质量	
		产品特色度	
努力程度		品牌地位	
		生产效率	
		技术能力	
		运营能力	

续表

一级指标	修改意见	二级指标	修改意见
风险承担		市场风险	
		生产风险	
		质量安全风险	
		合作风险	
		信息风险	

附录 10

以农民合作社为核心组织的农产品供应链利益协调影响因素指标修改意见问卷

尊敬的先生/女士：

您好！此前，您曾参与填写了"以农民合作社为核心组织的农产品供应链利益协调影响因素指标构建意见问卷"。根据第一轮的问卷结果，汇总了所有专家的意见并据此重新整理指标集内容，见附表10-1。请您根据自身的工作经验和所掌握的专业知识再次评判附表10-1中指标的设定是否科学、合理。如果合理请打"√"；如果您认为某项指标不合理，请把您对该指标的修改意见填入其后面的空格内。十分感谢您的配合与支持，祝您万事顺意！

附表10-1 供应链利益协调影响因素指标专家修改意见表

一级指标	修改意见	二级指标	修改意见
成本投入		生产运营投入	
		开发管理投入	
		品牌投入	
贡献程度		产品增值度	
		产品质量	
		产品特色度	
努力程度		品牌地位	
		生产效率	
		技术能力	
		运营能力	
风险承担		市场风险	
		生产风险	
		质量安全风险	
		合作风险	
		信息风险	

附录 11

以农民合作社为核心组织的农产品供应链利益协调影响因素指标相对重要性评分表

尊敬的先生/女士：

您好！我是××大学的学生。在我的研究中，有一项内容是关于构建以农民合作社为核心组织的农产品供应链主体利益协调影响因素指标，之后，需要确定利益协调影响因素指标权重，并将这些利益协调影响因素指标引入以农民合作社为核心组织的农产品供应链利益协调模型，最终得到科学、合理的利益协调方案。经过前期准备，以农民合作社为核心组织的农产品供应链利益协调影响因素指标的构建工作已经完毕，分别是资金投入对应的生产运营投入、开发管理投入、品牌投入，贡献程度对应的产品增值度、产品质量、产品特色度，努力程度对应的品牌地位、技术能力、运营能力，风险承担对应的市场风险、生产风险、质量安全风险、合作风险、信息风险。

鉴于您是相关领域知识的专家，我们特别邀请您对以农民合作社为核心组织的农产品供应链利益协调影响因素指标之间的重要性进行评分。请您结合自身工作经验和所掌握的专业知识，将附表11-1至附表11-5中指标的重要性进行两两比较并评分。评分标度为1~9分，指标A比指标B重要的程度等级从轻到重分为"同等重要""稍微重要""明显重要""强烈重要""极端重要"，对应分值分别为1、3、5、7、9；分值2、4、6、8分别表示重要程度为两个相邻评级的中间值。耽误您几分钟时间，麻烦您认真填写，您的配合对该项研究的完成具有重要意义，感谢您的支持，祝您万事顺意！

附表 11-1 利益协调一级指标相对重要性评分表

A	资金投入	贡献程度	努力程度	风险承担
资金投入	1			
贡献程度		1		
努力程度			1	
风险承担				1

附表 11-2 资金投入二级指标相对重要性评分表

B_1	生产运营投入	开发管理投入	品牌投入
生产运营投入	1		
开发管理投入		1	
品牌投入			1

附表 11-3 贡献程度二级指标相对重要性评分表

B_2	产品增值度	产品质量	产品特色度
产品增值度	1		
产品质量		1	
产品特色度			1

附表 11-4 努力程度二级指标相对重要性评分表

B_3	品牌地位	技术能力	运营能力
品牌地位	1		
技术能力		1	
运营能力			1

附表 11-5 风险承担二级指标相对重要性评分表

B_4	市场风险	生产风险	质量安全风险	合作风险	信息风险
市场风险	1				
生产风险		1			
质量安全风险			1		
合作风险				1	
信息风险					1

参考文献

[1] 胡奇英，胡大剑. 现代供应链的定义与结构 [J]. 供应链管理，2020，1（1）：35-45.

[2] 肖静，柳海云. 基于农民合作社为主体的水果供应链运作绩效评价研究 [J]. 长春大学学报，2021，31（5）：19-26.

[3] 王丽君，张泽鹏. "互联网+"背景下潍坊市农产品供应链构建机制及对策研究 [J]. 科技经济导刊，2020，28（15）：183-184.

[4] 胡宇氡，祝尊友. 新型有机农产品供应链模式构建的探讨 [J]. 现代农业研究，2021，27（3）：16-17.

[5] 许民利，王俏，欧阳林寒. 食品供应链中质量投入的演化博弈分析 [J]. 中国管理科学，2012，20（5）：131-141.

[6] 王兴棠. 绿色研发补贴、成本分担契约与收益共享契约研究 [J]. 中国管理科学，2022，30（6）：56-65.

[7] 邱慧，李雷，杨怀珍. 考虑产出率影响销售价格的农产品供应链利益协调模型 [J]. 系统科学学报，2022（2）：81-85.

[8] 孔瑀崧. 区块链应用背景下直播电商农产品供应链的多主体合作收益分配机制研究 [D]. 大连：东北财经大学，2022.

[9] 姚松. 农超对接下农产品供应链的合作博弈机制及利益分配研究 [D]. 河北：燕山大学，2020.

[10] 朱一青，朱耿，朱占峰. 生态化视域下农产品电商供应链收益分配机

制研究［J］．价格月刊，2021（11）：81-86．

［11］程垚．多种供应情境下农产品混合双渠道供应链的利益分配机制研究［D］．重庆：重庆邮电大学，2022．

［12］孙丹．农产品流通模式对农户收入的影响研究：基于"农超对接"利益分配的视角［D］．杭州：浙江工商大学，2020．

［13］陈友娟．供应商关系管理中的信息共享研究［J］．商讯，2020（5）：130-131．

［14］吴君民，石奕磊．上市公司会计舞弊三方演化博弈研究：考虑行为信誉损失［J］．会计之友，2020（22）：22-29．

［15］朱立龙，荣俊美，张思意．政府奖惩机制下药品安全质量监管三方演化博弈及仿真分析［J］．中国管理科学，2021，29（11）：55-67．

［16］朱兴培，张公让，刘勇，等．基于区块链的建筑物资供应链风险因素影响评价研究［J］．建筑经济，2021，42（4）：57-61．

［17］姚伟民．流通渠道创新对农产品供应链脆弱性的影响分析［J］．商业经济研究，2021（8）：133-136．

［18］张萌萌，闫秀霞，董友衡．基于制造商生产成本扰动的不同主导权下供应链脆弱性研究［J］．工业工程，2021，24（6）：123-131，149．

［19］普蓂喆，吴磊，郑风田．新冠肺炎疫情下我国重要农产品应急保供体系实践与反思［J］．中国农业大学学报（社会科学版），2020，37（5）：17-31．

［20］杨洁辉，王笑，程秀娟．要素配置视角下农产品供应链组织模式选择［J］．商业经济研究，2022（6）：148-151．

［21］王凤云．电子商务环境下农产品物流管理创新策略研究：评《农产品供应链与物流管理》［J］．科技管理研究，2022，42（3）：I0021．

［22］霍红，白艺彩．基于互联网环境的生鲜农产品质量安全控制研究［J］．工业工程，2020，23（6）：52-59．

［23］张巧可，陈洪转．基于质量意识的复杂产品质量控制激励策略［J］．中国管理科学，2021，29（6）：105-114．

［24］和征，曲姣姣，李勃．考虑政府奖惩的绿色供应链企业合作创新行为的演化博弈分析［J］．生态经济，2021，37（11）：62-70．

［25］安玉莲．鸡肉供应链中养殖与屠宰加工环节的质量协同控制机制研究［D］．泰安：山东农业大学，2020．

［26］简惠云，黄秋兰，许民利．基于供应链的"互联网+回收"平台合作推广研究［J］．运筹与管理，2020，29（6）：41-48．

［27］周金华，朱建军，张玉春．基于系统动力学的大型客机供应链质量管控契约优化［J］．控制与决策，2020，35（1）：215-227．

［28］邵必林，胡灵琳．绿色供应链参与行为演化博弈分析：基于系统动力学视角［J］．科研管理，2021，42（11）：171-181．

［29］邵博，叶翀．基于系统动力学的服装供应链"牛鞭效应"仿真研究［J］．毛纺科技，2021，49（11）：94-100．

［30］朱帮助，唐隽捷，江民星，等．基于系统动力学的碳市场风险模拟与调控研究［J］．系统工程理论与实践，2022，42（7）：1859-1872．

［31］杨曼．黑龙江省碳交易政策研究［J］．合作经济与科技，2022（10）：87-89．